从零开始学
销售
口才

仇精斌————著

CONG LING KAISHI XUE
XIAOSHOU
KOUCAI

中国铁道出版社有限公司
CHINA RAILWAY PUBLISHING HOUSE CO., LTD.

图书在版编目（CIP）数据

从零开始学销售口才/仇精斌著. —北京：中国铁道出版社，
2020.10
ISBN 978-7-113-22829-3

Ⅰ.①从… Ⅱ.①仇… Ⅲ.①销售-口才学 Ⅳ.①F713.3
②H019

中国版本图书馆CIP数据核字（2017）第021198号

书　　名：从零开始学销售口才
作　　者：仇精斌

责任编辑：吕　芨　　　读者热线：(010)63560056　　　邮箱：181729035@qq.com
封面设计：宿　萌
责任校对：王　杰
责任印制：赵星辰

出版发行：中国铁道出版社有限公司（100054，北京市西城区右安门西街8号）
印　　刷：北京柏力行彩印有限公司
版　　次：2020年10月第1版　2020年10月第1次印刷
开　　本：700 mm×1 000 mm 1/16　印张：18.25　字数：231千
书　　号：ISBN 978-7-113-22829-3
定　　价：55.00元

美国成功学大师卡耐基说过："一个人的成功，15% 是靠他的专业知识技能，85% 是靠他的口才交际能力。"相关的调查数据显示：世界上 80% 的财富掌握在 20% 的人手中，而那 20% 的人无一例外不是善于表达和沟通的人。由此可见，口才是打开成功之门的金钥匙。尤其是销售行业，更加需要发挥口才的魅力，叩开客户的心扉，用话"说"出好业绩。

但在现实生活中，并不是每一个销售员都能做到妙语连珠、舌绽莲花的，有的销售员一碰到客户说话就吞吞吐吐、语无伦次。这样的语言表达能力肯定无法立足于销售领域。能说会道、如鱼得水的口才魅力并不是天生的，而是通过后天持续不断的学习和反复训练而成的，是一个厚积薄发的过程。因此，口才表达能力弱的销售员也不必心灰气馁，也许你缺的正是长年累月的实践经验和一些专业系统的口才训练方法。

《从零开始学销售口才》这本书涵盖了"拓展客户、电话邀约、见面拜访、卖点介绍、拒绝处理、价格谈判、促成交易、催款收账、售后沟通"等各方面的口才技巧，大量的实践案例贯穿销售的每一个环节，由点到面，全方位地为销售员提供可以让口才训练事半功倍的方法。

从这本书中你可以看到：

如何用一张嘴把陌生人变成客户？

邀约客户怎么样才能增加成功率？

如何用三言两语挖掘客户的潜在需求？

初次见面，说什么话更能博得客户的好感？

介绍产品，怎么说才能加强客户对产品的占有欲？

怎样制造紧迫感，促使客户尽早做出购买决定？

在销售活动中，如何舌绽莲花，把话说到客户的心坎里？

在与客户的价格博弈中，如何能将自己的利润最大化？

在销售的最后阶段，如何在最短的时间内促成交易？

在售后服务中，如何沟通会让客户变成自己的"回头客"？

…………

为了带给读者一个轻松愉快的阅读体验，书中还穿插了很多意味深长的哲理小故事、诙谐幽默的小笑话，让大家在欢笑、沉思之余更加深刻地品味到语言的表达技巧。因此，这是一本集知识性、实用性和趣味性于一体的参考书。如果大家能将书中的沟通技巧、策略悉数掌握，并且能够恰当、灵活地运用到实践当中，那么你的销售口才一定会有一个质的飞跃，销售量也会翻倍提升。

书是进步的阶梯，更是实现财富梦想的垫脚石。行动起来吧！不要让自己做思想的巨人，行动的矮子。一天学一点销售口才，日积月累，你一定会攻无不克，战无不胜，升级为一名顶级的销售高手！

仇精斌

基 础 篇

第一章　口才是销售的基本功，有口才才会有订单 // 3

练就好口才，让销售变得轻松 // 4

好口才，为沟通保驾护航 // 7

努力强化语言的感染力，为口才镀金 // 10

业务知识是准备，开口说话是关键 // 12

客套话、专业话、赞美话，样样精通 // 15

保持精神的饱满，练就语气的平和 // 18

好口才在好氛围中才会起作用 // 22

幽默，让你的好口才如虎添翼 // 25

第二章　开口就说，用你的口才去拓展客户 // 29

惜字如金，只会让你越发焦灼 // 30

认准潜在客户，用你的口才发掘他 // 33

巧探深挖，问出客户的购买力 // 37

巧用积极提问，探寻客户心理 // 40

一张嘴，谈出一群客户 // 42

好口才，让你把陌生人变成客户 // 46

通过交谈快速确定谁是决策者 // 49

实 战 篇

第三章　出口成金，约客户不再是难事 // 55

约见客户的沟通技巧 // 56

大胆开口，否则何以得知客户是否愿意见你 // 59

说客户关心的事情，增加成功约见率 // 62

伶牙俐齿，突破前台有诀窍 // 64

避免客户反感的言语，否则你休想见到客户 // 68

选对邀约时机，胜算才会更多一些 // 72

巧妙应对客户的"改天再说" // 76

言语留"话头"，为下一次沟通打基础 // 79

第四章　开场要说好，说得好才能卖得巧 // 83

说好开场白，生意就成功了一半 // 84

你不可不知的几种开场方式 // 87

推销产品前，先推销自己 // 91

第一次见面，该说什么要心里有数 // 95

寒暄，与客户快速拉近距离的利器 // 98

尽早与客户进入"同一频道" // 103

想要客户关照，肢体语言同样重要 // 106

初次见面，好听力搭配好口才 // 109

第五章　说到点子上，用卖点激发客户购买欲 // 113

用产品的卖点给客户"灌耳音" // 114

以最快速度让卖点变成客户心中的亮点 // 117

巧妙提问，找到客户的关注点 // 120

多说胜过寡言，充分调动客户的想象力 // 125

巧用数据，让你的口才言而有据 // 128

注重语言精练，好口才不需要啰唆 // 131

定位切入点，在言语中找出客户的潜在需求 // 134

用知名的成交案例增强客户的认同感 // 138

第六章　说到心坎里，牵着对方的鼻子走 // 141

不遗余力地言语劝诱，让客户的内心发痒 // 142

舌绽莲花，引导客户的购买需求 // 145

正话反说，让客户产生对产品的占有欲 // 148

增强言语维度，找出双方共赢点 // 152

制造紧迫感，促使客户尽早做出购买决定 // 155

欲擒故纵，用你的口才演绎"空城计" // 158

循序渐进，让客户保持"肯定思维" // 161

第七章　把说服的话说到位，客户的拒绝才能变成你的机会 // 167

客户的拒绝发生前就应该做好化解准备 // 168

利用客户的拒绝套出真心话 // 172

客户能说"不"，你不能说"不" // 175

练就铁齿铜牙，问出"真假异议" // 179

找准客户拒绝的原因，逐一击破 // 183

利用客户的优越感，说服其于无声无息间 // 188

第八章　谈判更需好口才，轻松搞定价格战 // 191

用更多的言语说明产品的价值，淡化产品价格 // 192

以"相对价格"引导客户，瞬间解除其价格疑虑 // 195

面对价格挑剔者，切忌语言粗暴无礼 // 198

适时说出报价底线，向客户施压 // 201

通过提问掌握客户的价格上限，适当让步 // 205

以小藏大报价法，把价格昂贵感藏起来 // 208

首次报价要高一些，为自己留出余地 // 212

第九章　趁热打铁，三言两语促成交 // 217

抓住客户购买信号，强调购买时机 // 218

仔细倾听，及时领会客户成交障碍点 // 222

用好强势语言，也可为成交助力 // 225

替客户说"同意"，别指望客户自己克服犹豫 // 229

巧用"二选一"策略，将客户的最终意向推向成交 // 232

审时度势，用折扣敲定买卖 // 234

借力打力，巧用陪同者的嘴促成交易 // 237

第十章　谁说签单后无须好口才？收回钱才是硬道理 // 241

口才制胜，这样说催款才能变得容易 // 242

运用挤压法，逐步收回货款 // 245

大胆开口，催款不是委婉的事情 // 247

电话催账时大派用场的语言技巧 // 250

几句话让客户不好意思拖欠货款 // 255

巧妙掌握分寸，既能成功催款又不得罪客户 // 258

第十一章　加强售后沟通，让客户变成"回头客"// 263

多沟通，才能弄清客户流失的原因 // 264

客户的真实反馈，源于你的真诚咨询 // 267

即使必须反驳客户异议，也要把握好分寸 // 270

兑现承诺要及时，切忌让你说的话成为空话 // 274

关键时刻勇于认错，让客户愿意"回头" // 278

杜绝"一锤子"买卖，成交后懂得感谢客户 // 282

基础篇

第一章

口才是销售的基本功，有口才才会有订单

对于销售员来讲，好口才是取得成功的制胜法宝。良好的语言沟通能力可以赢得客户的注意力，博得客户的信任和好感，还可以打消客户的顾虑，激发其购买的欲望。因此，销售员应该努力练好口才这个基本功，然后用口才为你的签单保驾护航。

练就好口才，让销售变得轻松

销售箴言

　　良好的口才可以使销售工作如鱼得水，轻松自如。所以，能说会道、口吐莲花是销售员应该具备的基本功。

　　语言是人类传递信息和感情沟通的基本工具，因此良好的口才成为人类交往的基本需求。在销售过程中，良好的口才可以维护好与客户的关系，可以打消客户的顾虑，可以让他们更好地接受产品和服务，从而促成交易。

情境再现

　　有一位年轻太太来到一家书店想要为孩子挑几本合适的书。年轻太太看中了一套百科全书，于是对店里的销售人员说："你好，这套百科全书看起来不错。"

　　销售人员："您眼光真好，这套书装帧十分精美，全都是真皮烫金字封套，摆在您的书架上，一定十分有面子。"

　　年轻太太："这我知道，你可以给我讲一讲里面的内容吗？"

　　销售人员："当然可以，这本书内容是按照 26 个拼音字母顺序编排的，这样便于您查找资料，而且里面的每一幅配图都十分精美。"

年轻太太："这个我也看得出来，不过我更感兴趣的是这套书对孩子有什么帮助。"

销售人员："这套书对孩子的帮助非常大，因为它的内容包罗万象，孩子通过这本书可以对自己感兴趣的事物有一个更透彻更详细的了解，同时，还可以发掘更多他所感兴趣的知识。"

年轻太太："这一点不错，但我担心孩子会在上面乱涂乱画。"

销售人员："这一点您不用担心。我们会免费送您一个精美的小书箱，在孩子不看书时您就可以把书锁起来，这样就避免了孩子在书上面乱涂乱画，既美观，又利于保存，两全其美。"

年轻太太："确实不错，我可以当成惊喜礼物送给他。"

销售人员："是啊，这套书是送给您孩子的一件很好的礼物。"

年轻太太："我想在他生日时送给他。"

销售人员："那他一定会十分开心的。您买这套书既送了孩子礼物，又送了孩子知识，真是一举两得。"

年轻太太："好，那我就买下它吧！"

情境分析

从情境案例可以看出好的口才对于销售相当重要。首先，销售人员十分聪明地赞美了客户的眼光，适当的恭维使得整个销售氛围变得十分轻松，然后销售人员十分耐心地回答客户的问题，妙语连珠，从而赢得了客户的信任。

销售心经

作为一名销售员，如何能够使对方听进去自己的话是至关重要的。而要想使得整个销售过程更加轻松就必须练就一副好口才。对于销售员来说，很多时候往往谋事在脑，成事在言。在销售过程中对客户说话时要注意以下两点。

1. 礼貌是第一要素

（1）沟通时首先要倾听客户的要求。只有听清楚了客户所要表达的意思，明白了客户具体有什么要求，才能知道如何去正确地应对。比如，上面情境中的销售员并没有急着介绍图书，而是先认真地倾听客户的疑虑，然后才进行详细解答。

（2）所谓说得多不如说得巧，要抓住客户的心理，对症下药，见缝插针。情境中的销售员听到客户担心孩子乱涂乱画的苦恼之后，用一个精美的小书箱轻而易举地打消了客户内心的疑虑，从而赢得了客户的好感与信任。

2. 要站在客户的角度思考

销售员无论何时何地都要站在客户的角度思考问题，顺着客户的思路引导进行下一步的沟通。情境中的销售员在听到客户感叹"精美的外观可以当作惊喜礼物送给孩子"时，灵活地顺着客户的思路提醒她可以把这套书"当作礼物送给孩子"，进而获得客户更深的认同感。

销售精英小贴士

> 想要使得整个销售过程变得更加轻松，就先练就一副好口才吧！好口才是掌握销售技巧的第一把钥匙。

好口才，为沟通保驾护航

销售箴言

良好的口才是顺利沟通的必要桥梁。缺乏好口才，销售沟通会困难重重，极易失败。

在销售过程中，沟通是否和谐有效往往关系着整个销售活动的成功与否。然而，要想保证沟通的和谐有效，好口才必不可少。口才是沟通中相当重要且可直接感受到的关键因素。流利清晰，内容丰富，用词精确，见解独到的语言表达，通常较容易取得别人的信赖并达成共识。所以，作为销售员，你必须要具备过硬的"嘴上功夫"。

情境再现

张先生在一列去往云南的火车上碰到了一位销售人员。

销售员："先生您好，请问您是来旅游的吗？"

张先生："不是的，我这次是来出差的，一个礼拜以后就要返回西安了。"

销售员："原来您是西安的啊，著名古都，文化名城啊！"

张先生："是啊，你去过西安吗？"

销售员："当然去过，那里美极了，而且有很多文化遗产。"

张先生："看来你非常喜欢中国的传统文化。"

销售员："对啊，这样，我们来玩一个有关传统文化的游戏吧！"

张先生："好啊，什么游戏？"

销售员："OK，开始了，您知道兵马俑中间是什么吗？"

张先生："这……我不太清楚啊。"

销售员："您一定知道答案的，请您看这张纸。"

张先生："这上面不过是写着'兵马俑'三个字嘛，可是这也并没有答案啊。"

销售员："您看，我手里有块橡皮，它可以帮助我们知道答案的。"

张先生："不可能吧，橡皮和兵马俑没有关系啊。"

销售员："您看，我把'兵马俑'三个字中的第一个字和最后一个字用橡皮擦去，中间就是一个'马'。"

张先生："哦，我明白了，原来是这个意思。"

销售员："您可以给孩子买一套这样的文具，和孩子玩这样的游戏，对孩子的思维能力绝对有很大的帮助。"

张先生："确实很不错，我看看。多少钱一套？"

销售员："不贵，35元一套。"

张先生："25元吧！"

销售员："我这一套也就赚几元，本来都是一口价，看在我们聊得这么投机的份上，30元吧！"

张先生："呵呵，你还真会做生意，给我拿一套吧！"

情境分析

情境案例中的销售员能够成功地推销自己的文具，与其高超的说话技巧有很大的关系。在整个沟通过程中，销售员没有急着推销自己的产品，而是先以聊天和做游戏的方式拉近与客人的距离，从而取得客人的信任，这是一种十分聪明的做法。

销售心经

销售沟通离不开良好的口才。其中有一点非常重要，那就是如何去介绍自己的产品。只有说得好、说得有技巧，才能更容易获得客户的认可。这里需要注意两点。

1．不能急躁

开始时最好不要推销自己的产品，要循序渐进一步一步地引出新的话题。上述情境中，销售员开始只是以闲聊的方式赢得张先生的信任，并没有上来就直接推销文具。

2．不能枯燥乏味

在与客户的沟通过程中要增加趣味性。枯燥乏味的语言很容易挫伤客户交流的积极性，而妙趣横生的语言则能营造和谐愉悦的谈话氛围，打开客户的心扉，继而让销售过程更顺利。

销售精英小贴士

在与客户的沟通过程中，要学会运用口才技巧，可以先找到聊天话题，然后循序渐进，赢得客户的好感，进而把握时机赢得推销产品的机会。

努力强化语言的感染力，为口才镀金

销售箴言

销售中的好口才也是会锦上添花的。越具有感染力的语言，说服客户的效果才会越好。

销售员要想练就好口才，增强语言的感染力，首先必须把握好自己的语言、语调以及语速；其次在说话艺术中，有诚意又充满热情地与客户对话也是至关重要的。作为一名销售员，如果说话声音有气无力，即便掌握再多的技巧和方法，也是枉然。

情境再现

肖健杨先生想要购买全套家庭净水设备，他先后去了两家店进行咨询。在第一家店，肖健杨先生说："你好，我想看看你们店里的家庭净水设备。"店里的销售员语气平平地说道："您好，这个是我们的净水设备，您可以了解一下。"在整个过程中，销售员脸上始终没有出现过一丝笑容。肖健杨先生虽然对产品很满意，但看着销售人员那张没有笑容的脸，什么也没有说，只是微微表示感谢，便起身离开了。

当他来到第二家店时，受到了销售员的热情招待。销售员始终微笑着，让肖健杨先生有宾至如归的感觉。肖健杨先生很开心地说："你好，我想了解一下家庭净水设备。"

"好的，没问题！"销售员脸上带着微笑说："您放心，我一定会为您详细介绍我们的产品。"

在销售员热情的感染下，肖健杨先生最终决定在这家店里购买全套家庭净水设备。肖健杨先生临走时对这位销售员说："我感觉到了你的热情，谢谢你的微笑与热情的介绍。"

情境分析

案例中的肖健杨先生去过两家店，其中第一家店的销售人员更像是例行公事一般，说话不温不火，全无笑脸，而第二家店的销售人员在介绍产品时则满含笑意，话里话外透露出愉悦和热情，因此肖健杨先生当然会选择语言富有感染力的第二家店了。

销售心经

作为一名销售员，要记住说话并不是单纯的表达内容，而要声情并茂，富有感染力。那么对于销售员而言，什么样的语言才能更具感染力，更能打动客户的心呢？

1. 说话时要充满热情

热情的语言表述很容易感染客户的情绪，能给对方带来一种富有亲和力的感觉，从而使其很快被富有感染力的声音吸引，卸下心防，全身心地投入到产品的交流讨论中去。

2．说话注意自己的语音、语速、语调

销售员要想让客户听得舒服，首先需要酝酿好自己的情绪，这样说出来的话才饱含亲切；其次说话禁忌吞吞吐吐，也不可打机关枪似的唾沫横飞，否则会影响客户的接收效果，只有适当的语速才能有利于双方的沟通；最后销售员在说话时，还要注意语调的高低起伏，语调平平的销售沟通很难调动客户的情绪，当然也更没有感染力可言。

销售精英小贴士

销售员要想让自己的语言更富感染力，首先情感需要饱满热情；其次说话的声音要亲切舒服，说话的语速要均匀适当，说话的音调要有高低起伏，这样才能提升自己的口才魅力。

业务知识是准备，开口说话是关键

销售箴言

专业的业务知识是口才得以充分发挥的重要保障，因此销售员在推销之前一定要有足够的知识储备。

在工作过程中，每一个销售员必须掌握基本的业务知识，比如产品的种类、规格、售价、性能、销售渠道等。如果连这些基础的东西都不知道，那么即便是你的口才技能如何了得，也无法取信于客户。因此，业务知识是口才发挥的重要基石。只有完善的知识储备，才能让销售员在推销过程中口吐莲花，游刃有余。

情境再现

有一家专业的高端婚纱礼服私人定制，主要是为即将举行婚礼的新人提供专业的私人定制设计。小圆即将成为新娘，所以来到这家店。

小薇热情地接待了小圆："您好，我是您的婚纱私人顾问小薇。我知道，您到我们这里定制礼服，是因为您对我们的产品有信心。为此，让我先自我介绍一下：我在这一行已经很长时间了，并且对婚纱礼服有着多年的研究。因此，我十分自信可以帮您挑选出满意的礼服或者根据您的要求为您量身定做。"

小圆："你们做婚纱礼服定制有多少年了？"

小薇："我们公司做这一行已经有十几年时间了。从开业以来，我们销售额每年以超过40%的比例增长，而且在每个月的销售总量中，有70%来自老客户介绍。我们绝对保证满足客户所有关于婚纱礼服的需求。"

小圆："你们的产品怎么样啊？"

小薇："我们设计的礼服是您所能买到的最好的，每一件衣服都由我们自己的工厂制作，礼服可以根据您不同的婚礼风格设计，无论是汉服式传统婚礼还是西式婚礼，所有礼服我们都能定做。比如，衣服上用到的珠绣，都是由几个老师傅手工做的，布料可以避免褶皱，最大的好处是轻盈柔软飘逸，不易沾染灰尘。礼服裁剪也很用心，尤其关于量身定做这一点，我们的设计师都有自创品牌，每一处的设计都会做到您满意为止。"

小圆："谢谢你的耐心介绍，你很专业，我相信你们的团队也很专业，所以接下来我想聊一下我对礼服的一些具体要求。"

情境分析

上述情境中，小薇作为专业的婚纱顾问在介绍产品时无疑是十分专业的，她很懂得适时运用自己的口才把专业知识向客户进行展示，从而获得客户的肯定。整个销售过程中，小薇把产品的优势介绍得淋漓尽致，这种专业能力获得客户的好评是必然的。

销售心经

作为一名销售员，在展示自己专业知识时应该注意哪些方面呢？

1. 产品介绍要有足够的自信和肯定的语气

很多刚进入销售行业的新人在展示自己的专业知识时总是缺乏自信，不敢和客户的目光对视，紧张、冷场，不知道怎么和客户沟通，总怕因说错话引起客户的反感。这样很难为客户树立一个专业的销售形象，更加无法获得客户的信任。因此，销售员在说话之前，一定要用自信武装自己，这样专业知识的展示才更具说服力。

2. 着重介绍产品的独特性以及优势

业务素质较高的销售员能够充分了解自己产品的卖点及相对于其他产品的差异化优势，只有那些专业不过关的销售员才对产品的质量和性能一知半解。因此，要想展示专业的口才技能，销售员需要从专业的角度出发，着重介绍产品的独特卖点。

3. 适当地拿出数据并要保证数据的真实和准确

作为一个专家式的销售员，一定要懂得用数据权威增加产品的可信度，体现自己的专业性。当然，销售使用的数据必须是真实、准确的，否则就失去了其最初的意义。

销售精英小贴士

销售员在展示自己专业知识时，首先要有足够的自信；其次要懂得强调产品的卖点，此外还可拿出真实准确的数据做辅助，这样一来，再加上专业化的口才则很容易建立客户购买的信心。

客套话、专业话、赞美话，样样精通

销售箴言

好的销售员往往是说话的高手，知道"到什么山头唱什么歌"，并且"什么歌都会唱"。

"好马出在腿，好汉出在嘴。"出色的语言表达能力是优秀销售员必备的技能。顶尖的销售员往往能驾驭各种类型的语言，不管是客套话，还是专业话，抑或者是赞美，他都能出口成章，游刃有余。要知道，客套话是人际关系的润滑剂，专业话是信任关系的生成剂，赞美话是拉近关系的催化剂。如果销售员能掌握这三种语言技能，那么一定能与客户建立亲密互信的关系，销售任务也就能无往而不利。

情境再现

在一个家具城里，一位客户驻足在一架红木架子床前。

销售员见状忙走过去对这位客户说:"您的眼光实在是太好了,这款红木架子床是我们刚刚上市的,上面雕刻的图案是八仙,寓意吉祥安泰。您能发现它、赏识它,说明您独具慧眼,是一个有文化品位的人。"

客户笑笑问道:"这床要多少钱?"

销售员:"这床的定价是 123 900 元。"

客户说:"有点儿贵,还能再便宜些吗?"

销售员:"冒昧问一下您住在哪儿?"

客户:"在吉祥如意苑。"

销售员:"吉祥如意苑是高档住宅区,所谓福人居福地,您一定是有大福气的人,这床的寓意这样好,一定可以为您添福添寿。另外,听说小区里面十分漂亮,而且室内格局都非常好,摆上这样的家具一定相得益彰,而且最近我们正在针对吉祥如意苑做一个促销活动,这次还真的能给您一个团购的优惠价格呢!"

客户:"可是我现在还没有拿到钥匙呢,这个优惠还能有吗?"

销售员:"您要是现在提货还真优惠不了,我们按照规定要达到 35 户以上才能享受优惠,今天加上您才 32 户,还差 3 户。不过啊,您可以先交订金,然后我这边给您标上团购优惠,等您钥匙拿到了,您再提货。"

就这样,客户提前交了订金。销售员轻松搞定了这个订单。

情境分析

上述情境案例中,销售员在向客人介绍红木架子床时,首先赞美了客户的眼光,赢得了他的好感,为接下来的沟通交流开了一个好头。当客户对产品的价格提出异议时,销售员又用委婉的话褒奖了客户所要居住的环境，顺势提出了适当的优惠活动，很快降低了推销工作的阻力，最后顺利达成销售的目标。

销售心经

"货卖一张嘴。"销售员要想与客户达成交易，就要学会这三种话：客套话、专业话和赞美话。

1. 客套话

做销售会和各种各样的客户交流，因此客套话在所难免。这些客套话虽然没什么用，但是在很大程度上可以拉近彼此的距离，为后面的工作做好铺垫。在与客户寒暄的过程中，销售员不要有奉承之词，也不要表现得缩手缩脚，即便是带着歉意的打扰，也要说得不卑不亢。此外，客套话没有一定的标准与固定形式，为了表现自己的文明礼貌，给客户留下一个好的印象，销售员在工作的过程中要有意识地积累不同形式的客套的沟通技巧。

2. 专业话

专业话可以增加客户对产品的信赖程度。不过在介绍产品的时候，销售员最好把专业术语通俗化，用形象简单的方式让客户了解到专业知识，否则双方无法顺畅交流，客户也无法对产品有一个全面地了解。

3. 赞美话

生活中，人人都喜欢听到赞美。所谓伸手不打笑脸人，一个八面玲珑、面面俱到的人总能够获得更多的机会，销售过程中也是如此。学会赞美，衷心赞美，把好话说得专业、自然是每个销售员都要学会的东西。恰到好处的赞美是销售员获得客户认同的开始。

17

要想让销售过程变得顺利，客套话、专业话和赞美话一样都不能少。销售员只有掌握了这些语言利器，才能成功说服客户认可自己，接受产品，主动购买。

保持精神的饱满，练就语气的平和

销售箴言

销售员要想让自己的口才发挥最大的魅力，就要保持精神的饱满，练就语气的平和。

口才对于销售人员来说具有重要的作用，不过好的口才还需要佐以饱满的精神状态、平和的语气，否则即便是口才再出众，也难以打动和感染客户。试想一个销售员讲话有气无力、无精打采，客户怎么会有倾听的兴趣呢？当然了，推销的语气也非常关键，只有语气平和地与客户交流对话，客户才能获得如沐春风的感觉，进而为交易增加成功的砝码。

情境再现

一位销售员来到拿破仑·希尔的办公室，手中拿着一些杂志。而拿破仑·希尔却视若无睹，一脸漠然，没有说一句话，仍然埋头写着稿子。对于拿破仑·希尔所表现出来的冷漠与无视，销售员并没有因此而心灰意冷，而是环顾房间，观察着屋内的一切。

这时，桌子上摆放的书籍引起了销售员的注意，他突然灵机一动说道："您也非常喜欢阅读书籍啊！"

一句话打破了这尴尬的氛围，但是拿破仑·希尔并没有因此而开口说话。

为了吸引拿破仑·希尔的注意力，销售员又来到书架前，拿出了一本《尼采文集》，开始讲述书中的内容。拿破仑·希尔一边写，一边在一旁听着，不知不觉中，他已经忘记了这位销售员来的目的，不时还插上一句话。渐渐地，双方之间的交流越来越多。

销售员看到时机成熟了，便微笑地说道："像您这样出名的作家，平时一定会通过博览群书来收集材料吧！那您平时都看什么书籍啊？"

拿破仑·希尔针对他的提问做了简短的回答。

这时，销售员便拿自己的书籍为"诱饵"，言简意赅地为他介绍这些书籍的内容，而且还详细说明这些书籍内容对于拿破仑·希尔写作的重要意义，不过这位名家并没有为之所动。

接着销售员又温和地说了一句："您的工作一定需要博采众长吧，不然会影响您的工作效率，而且这些书都是世界名流写的，让您与他们对话，可以为您的作品增加更多的养分。"

之后，拿破仑·希尔开始主动向他询问关于此书籍的一些问题，最后终于被他的热情所感染，让他得到了一份很大的订单。

情境分析

销售是一份需要热情的职业，尤其是面对拿破仑·希尔这样态度傲慢的客户，销售员更应该以松弛有度的语言、热情的态度对其循循善诱，这样才能达到互利共赢的目的。假使客户一脸的冷漠，而销售员又垂头丧气，说话没有一点儿精神和活力，如何能促成这份很大的订单呢？

销售心经

饱满的精神是发挥口才的内在动力，没有这股动力驱使，口才再好也发挥不了应有的作用；而语气平和则是口才发挥的重要表现，一个急躁、偏激的销售员是无法获得客户的青睐的。

保持精神饱满的要领参考如下。

1. 声音高亢、自信大方

一个人的声音可以反映一个人的精神面貌，话一出口，是低沉的、高亢的、颓废的还是饱满的，客户心里都有"谱"。作为销售员，声音高亢洪亮不仅代表了你对产品的自信，更能显示出你的热情大方，而热情的态度、高亢的语言比产品本身更能吸引客户。

2. 语调抑扬顿挫、节奏鲜明

销售员要想表现出饱满的精神状态，不仅要注意"语音"，还要把握"语调"。语调的抑扬顿挫表现了一个人内心的情感和情绪。丘吉尔曾经把节奏列为演讲口才的四大要素之一，由此可见，有节奏的语言对于交流是多么重要。

当销售员在为客户介绍产品时，要想达到抑扬顿挫、引人入胜的效果，应该像一个出色的钢琴家一样，音量有高有低，语速有缓有急，弹奏出一曲动人心弦的"高山流水"，从而让自己的语言感染客户。

在与客户沟通的过程中，销售员除了要注意自己的精神状态，还要把握好说话的语气。推销的过程不仅仅局限于产品的谈论，而且还要通过温婉平和的语言传递给客户一种友好的情感，这样才能达到你想要成交的目的。

语气平和的沟通技巧参考如下。

第一，结尾加语气词。比如，"吗""吧""啊""嘛"等词，就会使销售时带有一种商量的口吻，不会那么生硬，客户比较容易接受。

第二，巧用否定词。当销售员对客户的观点存有异议时，不妨把"我认为你这种思想有偏差"改为"我不认为你这种思想很全面"；把"我感觉你这种做法不对"改为"我不感觉你这样做正确"。这样的语气听起来较为平和，可以给客户一个缓冲的余地。

第三，切忌生硬拒绝。有的时候客户会提出一些无理的要求，销售员如果直接拒绝，难免会让客户难堪，此时，销售员不妨可以说"这件事情，我现在恐怕无能为力。"

销售精英小贴士

要想通过自己的口才赢得客户的好感，获得交易的成功，首先销售员要保持一个良好的精神状态，其次还要注意自己说话的语气，否则会影响口才发挥的效果。

好口才在好氛围中才会起作用

销售箴言

氛围是一种感性认知，销售氛围的营造会影响口才的发挥结果。

营造和谐的氛围，是销售员与客户进行沟通的前提条件。从接近客户到销售洽谈的开始，一直到合作关系的建立，都需要销售员创造良好的沟通氛围。好的氛围有利于拉近双方之间的心理距离，也有利于销售员的口才发挥最大的作用，更有利于与客户做进一步的交流和沟通。

··

情境再现

客户约保险销售员张倩到其办公室进行面谈。进入客户的办公室，张倩与客户简单寒暄之后就按照其示意坐到了沙发上等待，因为在这里客户还要忙着听员工的工作汇报。等员工走后，张倩与客户聊了起来。

张倩："李总，我上次给您设计的保险方案您看得怎么样了？"

客户："已经看完了。"

张倩："那您有什么看法，还满意吗？如果不合适，我可以再帮您调整调整。"

客户: "我正要跟你商量这个事情……" (客户正说着, 电话响了, 客户接通电话, 电话沟通还没有结束, 又有人敲门了, 原来是请其签字。)

张倩: "李总, 我看您这么忙, 我就不忍心打扰了, 要不我中午的时候或者其他时间您不忙时我再来吧, 要不该影响您的工作了。"

客户: "看来只能这样了, 只是还得麻烦你再跑一趟。"

张倩: "您客气了, 这本来就是我的本职工作。"

情境分析

周围的环境在一定程度上会影响到交流的结果。所以当案例中的客户处于一个忙碌、不断被打扰的氛围中时, 销售员即便是有"三寸不烂之舌", 也不会有一个好的沟通效果。因此, 最后张倩果断中止了这次保险推销的机会。

销售心经

良好的氛围对于双方的交流和沟通具有积极的作用, 不过氛围的营造并非易事, 销售员必须要在充分了解客户需求和心理特点的基础上展开, 切勿自作聪明。如果销售员只是一味地以自我为中心, 忽视了客户的意见, 很可能起到相反的效果。

此外, 要想营造良好的谈话氛围, 最好保持周围的环境比较安静, 这样销售员与客户才能全身心地投入销售活动中。不过, 仅仅有客观环境还不够, 如果销售人员能够通过自己的切实努力主动创造出一种轻松愉悦的沟通氛围, 让客户在整个销售过程中都感到轻松和愉快, 就能最大限度攻破客户的心理防线, 缩短双方之间的距离感, 从而有利于销售活动的开展。

想要营造良好的氛围，销售员可以从以下几方面进行努力。

1. 用热忱的态度与话语营造良好氛围

贝克登曾说过："成功和能力的关系少，和热心的关系大。"热忱是一种由内而外自然流露出来的情感，一个对工作抱有极大热忱的人，往往攻无不克，所向披靡。在销售过程中，充满热情的态度与话语往往能感染和影响着客户的情绪，让客户充分感受到你的自信以及你对他的重视和关注。将这些信息有效地传递给客户，可以营造一个良好的沟通氛围。

2. 让客户产生优越感

沟通氛围是否良好，还与客户的心理有很大的关系。法国哲学家罗西法古说过这样一句话："如果你要得到仇人，就表现得比你的朋友优越；如果你想要得到朋友，就要让你的朋友表现得比你优越。"在与客户的沟通中，虚心请教意见是满足客户优越感心理的一个很好的方法。客户心里感到舒服了，沟通氛围自然就融洽了。

此外，真诚的赞美也会让客户获得心理上的满足，让他觉得自己是个重要的人物。不过赞美不是一件容易的事儿，它要求销售员把握好时机，实事求是，并且发自内心，这样客户的优越感才能有效地被激发出来。当客户的这种优越感被满足了，警戒心也就消失了，彼此距离拉近，能让双方的好感向前迈进一大步。

3. 适时调整沟通方式

创造良好的沟通氛围关键在于客户的态度，客户的态度决定沟通的质量。因此，销售员要想与客户保持良好沟通，首先得了解客户的态度，满足客户的心理，根据客户特点的不同来适应客户，而不是本末倒置，客随你变。

4. 站在客户的立场上看问题

站在客户的立场上看问题，就是时时处处以客户为中心，设身处地地为客户着想，以客户的视角理解其观点，以客户的好恶把握其购物需求。著名的松下电器公司创始人松下幸之助先生在做生意的过程中，为了拉近双方的距离，营造一个良好的沟通氛围，常常会站在对方的立场上想问题。凭借着这个沟通技巧，他赢得了很多合作的机会。

5. 多做正面反应，不要有抵触情绪

当销售人员与客户沟通不畅、遭遇客户质疑时，一定要把控好自己的情绪，谨防负面的情绪影响到双方沟通的氛围。多一些体谅和理解，多做一些正面的、积极的回应，切忌与客户正面争辩或冲突，否则不仅会破坏谈话的氛围，更会彻底断送这次销售机会。

❓ 销售精英小贴士

　　销售员要想为发挥口才创造一个良好的氛围，首先需要保持热忱的销售态度，其次还要学会通过赞美和求教激发客户的优越感。此外，及时调整沟通方式，换位思考也非常重要。

幽默，让你的好口才如虎添翼

🧑 销售箴言

　　幽默是交流沟通的"调味料"，更是销售员必修的口才基本功。

销售过程不可能一帆风顺。当客户对产品或服务产生不满情绪时，当客户要求赔偿和投诉时，幽默是化解尴尬的重要武器。当然了，幽默还可以营造愉快的沟通氛围，赢得客户的欢心和认可。因此，在工作过程中，销售员需要这样的语言魅力，它是赢得客户、提升业绩的良方。

情境再现

小朱性情豪爽，为人风趣，经常一开口就逗得人哈哈大笑。因为他诙谐幽默的个性，客户们对他青睐有加，他的销售业绩在公司也是名列前茅。

一天，小朱去拜访一位曾拒绝过他的客户。刚一进门，他立刻面带微笑地向客户介绍了自己："您好，我是小朱，是前两天被您拒绝的那个××保险公司的业务代表。"

客户看见他之后，皱了皱眉头，一脸不耐烦地说："你真的很招人烦，我不是已经跟你说过了吗？我不需要保险。"

小朱听后，面带愁容地说："实话跟您说吧，我也觉得我挺烦人的！但是，您知道，对于我们来说，客户就是衣食父母。我现在没有客户，就是罗锅上山——前（钱）紧，所以我不得不来打扰您呀。"

说着还朝着客户扬了一下脸，笑着问道："你看我的脸干净吗？"

客户不解地说："没脏，干净着呢！"

小朱拍拍身上的口袋，笑着说："现在我的兜儿比脸还干净呢。"

这下客户彻底被逗乐了，脸上的不耐烦瞬间烟消云散。接着小朱说明来意："其实，今天我到这里是让我自己心安，也是对您负责。我们公司最近推出了全新的平安护身福终身保险，这是一款更加注重保障、更加人性化的产品，我觉得我必须把它介绍给您，即使您不买，那我也尽到义务了，所以今天发挥厚脸皮的精神过来找您，请您务必听我讲完。"

客户听后又是一阵哈哈大笑:"这小伙子说话真有意思,那行吧,我给你一个讲话的机会,好让你尽了你的义务。"

接着,小朱就细致地为客户介绍起来。就这样,一个销售任务在欢声笑语中轻松完成了。

情境分析

幽默是化解尴尬和隔阂的利器,它不仅仅是一种说话的方式,更是一种人生的智慧。案例中的销售员小朱就是用幽默化解了客户的负面情绪,重新赢得了产品介绍的机会,从而为完成签单提供了可能。

销售心经

从某种意义上来讲,幽默是一种销售的策略。幽默的销售员总能更快地得到客户的好感、喜爱和认可,为将来的签单奠定良好的信任基础和情感基础。不过这种幽默细胞可不是天生就有的,而是通过后天练成的。那么销售员要想成为一个口吐莲花、妙语连珠的口才达人,应该怎样培养自己的幽默感呢?下面是几个锻炼小技巧。

1. 幽默感需要积累素材

俗话说:"巧妇难为无米之炊。"没有幽默素材,怎么能发挥幽默的本领?所以销售员在平时要多阅读一些幽默故事,积累幽默素材,并且熟记幽默的使用情景,学习幽默的使用方法。如果在以后的销售过程中遇到相似情况时,可有意识地借鉴,慢慢地自己就会变成一个幽默感很强的人。

2. 幽默感离不开想象力

幽默的语言往往平时想不到,但是又能引人发笑。发挥想象力是培养幽默感的又一个好方法。销售员拓展想象力，用风趣幽默的比喻表达想要的效果，这样风趣、幽默的语言自然会在舌尖流淌。

3．幽默感需要培养洞察力

机智敏锐的洞察力也是幽默者具备的基本素质。销售员需要迅速捕捉事物的本质，再运用诙谐的语言、恰当的比喻表达出来，这样客户很容易被你耳目一新的笑话逗乐。当然，使用幽默还要分清场合，选择合适的对象，否则不仅无法拉近彼此之间的距离，更有可能招来客户的反感。

4．幽默感要脱离低级趣味

幽默也要讲分寸。积极向上的幽默感可以愉悦他人，而低级下流的笑话则会遭到鄙夷。尤其是面对敏感内敛的女性客户，销售员在发挥幽默细胞时，一定要把握好尺度，远离低俗，否则会令客户反感。

5．幽默感需要自嘲

自嘲是幽默的最高境界。能自嘲的人通常都是智者中的智者，高手中的高手。销售员要学会自嘲式的幽默，这样不仅可以博客户一笑，还可以巧妙地表达出自己的愿望，同时也拉近了双方的距离，在接下来的推销工作中也能更加顺利。

？销售精英小贴士

　　幽默是解决销售难题的有效途径。销售员要自觉地积累素材、展开想象力、培养洞察力、同时懂得自嘲自乐，这样才能愉悦客户的身心，跨越销售的障碍，完成签单任务。

第二章

开口就说，用你的口才去拓展客户

　　销售员要想取得良好的业绩，首先需要拓宽自己的客户群。客户资源越丰富，成交的概率就越高。对于销售员来讲，拓展客户的第一步就是要积极发挥口才的魅力，充分挖掘潜在的客户，通过语言的力量把潜在客户变成现实客户。

惜字如金，只会让你越发焦灼

销售箴言

销售是一份靠口才吃饭的职业。销售员在拓展客户时不可惜字如金，否则会让自己陷入进退维谷的尴尬境地。

甲、乙两人通电话，甲问乙叫啥。

乙回答："张伟。"

乙："那你叫什么啊？"

甲："维维。"

乙："叫什么啊？"

甲："维维。"

乙："嗯，你说吧！叫什么？"

甲："维维。"

乙："我能听到你讲话，你就说你叫什么吧！"

此时，甲才明白为什么乙一直要他说，原来对方以为这边的信号不好，以为他在"喂，喂"呢！

甲倒吸一口凉气道："我叫维维！"

这是一场由惜字如金闹出的笑话。笑话虽然惹人捧腹，但是其背后隐藏的原因值得深究。有时候，惜字如金并不是一件好事，尤其是作为一名靠口才吃饭的销售员，在拓展客户时更应该积极主动，想尽办法争取，而不是一字一句地消极应对，让自己限于被动局面。

情境再现

齐藤竹之助，是世界级营销大师。一年夏天，他参加了单位的集体旅游活动，乘火车去上田温泉。上火车后，发现座位对面坐着一位三十几岁的女士，带着两个小孩，较大的孩子约5岁，较小的孩子约3岁。

根据这位女士的生活表现，齐藤竹之助判断她一定是位家庭妇女。他心里想，今天真走运，从小孩到大人的保险都有可能做成。

由于座位互为紧挨，齐藤竹之助趁火车在熊谷站停靠的机会，买了熊谷特产"五家宝"，很礼貌地送给那位女士。然后，齐藤竹之助与她聊起了家常、小孩的学费和丈夫的工作等。

女士对齐藤竹之助说："今晚我们打算在轻井车站休息，第二天再乘轻铁去草津。"由于现在是夏季，此地又是旅游胜地，每家住店的客户很多。齐藤竹之助说："我比较熟悉轻井，如果允许的话，我可以帮助你找个旅馆。"

女士听后特别高兴，特别感谢齐藤竹之助，她把家庭地址和家人的姓名都告诉了齐藤竹之助，并且邀请他有时间到自己家做客。

大约两周之后，齐藤竹之助主动拜访那位女士。女士的先生特别感激齐藤竹之助的帮助，并且与齐藤竹之助成为好朋友。最终，他们全家都成了齐藤竹之助的客户。

情境分析

在日常生活中，和陌生人萍水相逢，很多人都没有打招呼的习惯。但是销售员要想拓展客户就得打破常规，多多与陌生人交流，说不定聊着聊着，就把一个潜在客户转为现实客户了。倘若案例中的销售员齐藤竹之助一路上一言不发，或者即便和那位家庭妇女搭讪，也是浅尝辄止，惜字如金，就不会有后来这么大的成交机会了！

销售心经

一般来说，销售员惜字如金大致是由两种原因造成的。一是自卑和恐惧心理在作怪。面对潜在的陌生客户，不敢轻易开口，生怕说错话；好不容易开口，也是紧张得哆哆嗦嗦，话不成句。二是经验不足。很多销售新人在拓展客户的初期，不知道该和他们说些什么，更不知怎么引导。在双方攀谈的时候，别人问一句，自己答一句，致使拓展工作非常被动。

要想让自己摆脱这样的窘境，首先销售员要懂得自我鼓励，自我鞭策，在心里默默告诉自己：尝试是成功的最佳途径。尝试不会失去什么，相反它会给你增加胆量。只有大胆尝试，才能有所收获。这种鼓励的话可以让自己慢慢战胜恐惧心理，渐渐打开心扉，话变得越来越多，最后在挖掘客户的过程中畅所欲言。

对于经验匮乏的销售新人，要想克服"惜字如金"的窘境，最有效的方法就是不断积累相关经验，一边自己摸索，一边向优秀的销售员取经，慢慢的，就会沉淀很多扩展技巧。有了实战经验做基础，和潜在客户交流起来自然一气呵成，口若悬河。

销售精英小贴士

　　打破"惜字如金"的魔咒，销售员首先需要克服自卑心理和恐惧心理，其次还要累积足够多的经验技能，这样才能使自己在拓展客户的道路上越走越宽。

认准潜在客户，用你的口才发掘他

销售箴言

　　寻找潜在客户是销售的第一步，而潜在客户则需要销售员用口才来挖掘。

　　潜在客户指的是对企业或者销售员推销的产品有需求同时又具有购买力的人。对一个销售员来说，潜在客户是一笔非常宝贵的财富，掌握潜在客户的详细情况可以帮助销售员成功完成销售任务。当然，潜在客户并不是唾手可得的，他们需要销售员用口才去发掘。

情境再现

　　原一平，日本声名显赫的"推销之神"。经过多方调查，一家五金行的老板成为他潜在的推销目标。为了挖掘这位潜在客户，原一平开始了他的拜访工作。见面后，原一平刚做完自我介绍，那位老板马上就说："保险是不错，只是我的储蓄还没有到期，如果期限已满我就可以投保，投个10

来万元、20 万元都不成问题。"

"您的储蓄什么时候到期?"

"明年 2 月。"当时才到 3 月份,这也意味着到储蓄期满还有将近一年的时间。原一平说:"只不过几个月的时间,过得很快,一眨眼的工夫就到了。我相信,到时候您一定会投保的。"

原一平开始和他攀谈起来,而且越说越投缘。随着客户的陌生感逐渐消失,原一平又说:"既然明年打算投保,现在做些准备工作也未尝不可,反正光阴似箭,很快就会过去了。"

说完,他拿出投保申请书来,看着客户的名片,把客户的相关信息都一一进行了登记。客户本来是想制止的,但原一平不停笔,还说,"反正是明年的事,现在写写又有什么关系?"

"可以抄一抄您身份证上的号码吗?反正早晚都要办的事。"客户报上号码,原一平接着问:"保险金您是觉得按月缴好呢?还是按季缴好呢?"

"我更喜欢按季节交。"

"那么受益人您会选择谁?除了您本人外,是要指定夫人还是孩子?"

"夫人。"

接下来就是投保费用的问题了。原一平试探性地问道:"您刚刚好像提到 20 万元?"接着做出欲填写状,客户赶紧说:"不,不,不,不能那么多,10 万元就可以了。"

"根据您的经济实力,本可投保 20 万元……现在按照您的说法投保 10 万元……"

"20 万元好了。"

"下个季度我们会派人到家里收取第二次的保险金。"

"喔!那这一次岂不是要交第一次的钱吗?"

"是的。"

于是客户再也不说明年投保的事了，当即交了保险金，原一平开好收据，互道再见。

原一平终于把一件看似毫无希望的保单谈成了。

∙∙∙

情境分析

在此案例中，原一平在挖掘潜在客户时就使用了"选择法"，保险金是按月交还是按季度交？受益人是老婆还是孩子？一步步把客户的投保时间由明年拉回到今天。当然，使用该方法还有一个非常重要的前提就是：要确定潜在客户有一定的购买需求。

销售心经

销售员应该充分发挥主观能动性，积极挖掘潜在客户，以下是口才发掘潜在客户的五大技巧。

1. 直接请求法

这是一种开门见山的请求方法。销售员在了解完潜在客户的需求之后，用明确的语言向客户直接提出购买建议（购买选择）。比如：

"李先生，这顶泳帽非常适合您的肤色，买一顶吧。"

"算了吧，我头上的这几根头发少得可怜，都能数得过来！"

"可是，您戴上这顶帽子之后，别人就不会再数您的头发了！"

这种方法能够快速地帮助客户做出购买选择，节省销售时间，提高工作效率。

2. 利益诱惑法

趋利避害始终是客户最原始、最基本的购买心理。因此，在挖掘潜在客户时,销售员可抓住其趋利避害的心理动机,用利益法来说服客户。例如,"如果您得病住院了,这 5 000 元会变成 2 万元的补贴;如果您患的疾病正好和这份保单上列出的病种相吻合,这 5 000 元会变成 20 万元现金用于治疗;假如不幸发生意外了,这 5 000 元会变成 40 万可以养活家人;假如一生平安无恙,到 60 岁时,这笔投资会变成每年 10 080 元的养老金,后半生就吃喝不愁了。您说翻倍赚利息的好事,何乐而不为呢?"

3. 探究法

销售员用事先设计好的探究式问句来发现潜在客户犹豫不决的原因,一旦弄清楚了这些原因,销售员就可以提出一些假设性的问题。比如"如果……您愿意吗?"用这个方法试图把潜在客户关心的问题都拿到桌面上来谈。当将客户关心的问题识别出来后,销售员便可根据问题对症下药,帮助潜在客户解决困扰,从而赢得其信任。

4. 选择法

销售员向潜在客户提供几种可供选择的购买方案,让客户自己做出选择。一般产品的价格、规格、性能、订货数量等可以作为选择内容的提示物。值得注意的是,销售员所提供的选定范围不要超过三个,因为选择越多,客户越容易犹豫,这样会降低销售效率。

销售精英小贴士

销售员在遇到潜在客户时,应该充分发挥口才的作用。一般用口才挖掘客户可以借助直接请求法、利益诱惑法、探究法、选择法四大技巧进行。

巧探深挖，问出客户的购买力

销售箴言

　　客户购买力是销售员拓宽客户时重点考量的一个因素。没有购买力的客户不能算一个真正的客户。

　　作为一名销售员，怎样从潜在客户群中找出真正的客户呢？答案是购买力。客户的需求和购买行为要以购买能力为基础，经济条件好、收入多，购买行为才能实现。此外，不同收入的客户能承受的购买范围是有差异的。销售员在拓宽客户的过程中，一定要好好权衡产品价格与客户购买力之间的关系。

情境再现

　　有一天，保险销售员小贾在旅游时，巧遇一位穿着素雅的中年男人。长达七八个小时的旅程，让火车上的人无聊困顿，这个男人也不例外。于是小贾随便找了个理由和比邻而坐的他攀谈起来。

　　"大哥，您是做什么工作的？"

　　"我是一名律师，常年工作繁忙，这段时间好不容易闲下来了，我想出去走走，散散心。"

"律师这个职业可了不起啊，属于社会高薪精英人士！"

"哪里哪里！我只是××市一个普通的小白领。"

"大哥，您过谦了！××市可是一个发达城市，我也在这儿生活了5年了，知道这儿竞争激烈，生活压力巨大，能站稳脚跟，可不容易啊。"

"我也是刚刚才在那里买了一套房子，安下一个家。"

"现在房价应该还是挺贵的吧？多少钱一平方米？首付大概得多少钱？"

"一万元左右吧，我的房子付的是全款，所以不涉及首付问题。"

"大哥，真厉害啊！您这么有本事，工作能力一定很强吧，我能不能留一下你的联系方式，以后有朋友需要法律方面的援助，我想找您最合适。"

中年男人看见赚钱的机会自然不肯放过，于是两人互换联系方式，一路结伴而行。回来之后小贾主动联系，渐渐发展成了好朋友。最后，中年男人成为小贾的一个投保客户。

······

情境分析

"有财不外露，得意不猖狂"的道理人们都知道，所以有的时候客户的购买力不是轻而易举就能获知的。销售员需要善于提问，巧妙引导，方能知道其经济能力的强弱。案例中的销售员小贾就是通过巧妙地挖掘引导，找到了一位购买力很强的潜在客户，最后为签订保单创造了可能。

销售心经

购买力是销售员判断客户是否购买的重要砝码。销售员选取客户，可以把客户的购买力作为重要参考。一般判断潜在客户的购买能力，有两个关键点。

（1）收入状况：可从职业、身份地位等收入来源的状况来判断其是否具有购买能力。

（2）支付计划：可从客户期望一次付现，还是要求分期付款，来判断客户的购买能力。

销售员要想挖掘客户的购买能力，不妨从以上两个方面提问。此外，销售员要养成观察的习惯，观察客户的衣着打扮也可以判断其经济能力的大小。

一般来说，穿戴服饰质地优良、式样别致、品牌名优、价格昂贵的，即表明其有较高的购买力水平，有经济实力追求穿戴享受。而服饰面料普通、式样过时的客户多是购买力水平较低，正处于温饱水平，还无力讲究穿戴享受。

当然，把握客户的购买力并不是说收入水平高的客户就一定是好客户、大客户，一般收入水平的客户就没有开发的潜力和必要。购买力并不是销售员选择客户的唯一标准，仅当作重要参考标准，在具体的推销活动中，还要参考很多现实因素。

销售精英小贴士

销售员要想判断客户购买能力的大小，不妨从其收入状况、支付计划等方面提问。当然了，观察其衣着打扮也是推断其支付能力大小的一个重要途径。

巧用积极提问，探寻客户心理

销售箴言

拓宽客户离不开探寻客户的内心活动，而探知客户心理又离不开巧妙的提问。

人的心理活动是隐性存在的，一般情况下，通过肉眼无法窥探和识别人的内心。因此，销售员在探知客户心理的时候，需要设置一些巧妙的问题，逐步加以引导，这样才能挖掘出客户的所思所想。不过销售员在提问时一定要注意使用恰当的方式方法，否则难以达到理想的效果。

情境再现

销售员："张姐，如果让您买房子的话，您觉得什么地段比较合适？"

客户："我喜欢交通便利一点的，这样上下班方便。"

销售员："那您想要小户型房子还是大户型房子？"

客户："我们一家三口，小户型的就够用了。"

销售员："那您是喜欢电梯房还是楼梯房？"

客户："我觉得楼梯房比较好吧，一来安全，二来还可以锻炼身体。"

销售员："买房子除了我刚才提到的这些，您还有哪些方面的要求？"

情境分析

在上述案例中，销售员在探知客户心理活动时，充分使用了开放性提问、诊断性提问、渗透性提问等多种提问方式，全面了解客户对于住房的要求，这样一来，销售员就可以根据客户的心理需求，为其找到合适的房源，进而为顺利销售打好基础。

销售心经

提问是销售活动中经常使用的语言表达方式，它不仅可以让客户表达自己的信息，还可以增强互动交流，使销售员更了解客户的想法。一般销售员在探寻客户心理时，可以使用以下几种提问方式。

1．礼节性提问——掌控气氛

开始交谈时，礼节性提问可以充分表达销售员对客户的尊重。例如，"请问先生 / 女士您贵姓？"每个销售员都应该懂得礼节性提问的重要性和技巧，争取在初次见面时博得客户的好感。

2．开放性提问——初步了解

这里是指提出比较概括、广泛、范围较大的问题，对回答的内容限制不严格，给对方以充分自由发挥的余地。例如，"您有哪些方面的兴趣爱好？"客户可以从琴棋书画、花鸟虫鱼、衣食住行、吃喝玩乐等任意一方面作答。

通过开放性提问，销售员能得到客户关于态度、感觉、观点等方面的信息。在得到客户的基本信息之后就可以对症下药，找到准确的推销方向了。

3．诊断性提问——建立信任

诊断性提问的特征是以"是不是""对不对""要不要"或"是……，

还是……"句型发问。比如,"您是想要两房一厅的还是三房两厅的套房?"这样的提问作用很多,既可收集信息,澄清事实真相,也可以验证结论与推测,缩小谈论范围等。对客户来说,这种问题难度系数不大,回答的时候不会有过多的压力。

4. 渗透性提问——获取更多信息

美国著名金牌寿险销售员乔·库尔曼就擅长使用渗透性提问。所谓渗透性提问,是指具有"为什么这样说呢?""还有呢?""然后呢?""除此之外呢?"等特征的一系列问题。销售员在提问之后马上闭嘴,不要开口说话,把下面的时间留给客户。客户回答得越多,销售员了解得就越全面。

？销售精英小贴士

　　销售员要想在拓展客户的过程中不被牵着鼻子走,首先应该探知客户的心理。一般开放性提问、诊断性提问、渗透性提问等提问的方式可以帮助销售员实现"窥心"的目的。

一张嘴,谈出一群客户

销售箴言

　　"交易的成功,往往是口才的产物。"销售员要懂得运用口才拓展自己的客户群。

销售员把产品推销出去是工作的首要任务，但是要想把产品销售出去就必须不断地寻找客户。大家都知道"坐吃山空，立地吃陷"的道理，所以趁客户资源枯竭之前，销售员一定要充分利用自己的一张利嘴，维护好人际关系，然后利用这些人际关系拓展自己的客户群，这样才不会陷入青黄不接、无人问津的销售窘境。

情境再现

汽车销售员小陈连续 3 年获得"钻石业务员"的荣誉称号。在其他同事向他请教经验时，他说出了成功的秘诀，那就是"一张利嘴交遍天下友"。利用老朋友结识新朋友，慢慢地客户群就逐渐庞大了。

小陈："李总，最近好吗？"

李总："还凑合吧。"

小陈："您上个月买的那辆车开着感觉怎么样？"

李总："还可以。"

小陈："您满意就好，如果有什么问题可以随时找我，很乐意为您提供服务。"

李总："你这话倒是提醒了我，我一个亲戚看见我的车之后说是很喜欢这个车型，他也想买一辆。"

小陈："真的吗？那太好了！您看我们都是老相识了，在我这儿买肯定比别处买更放心。"

李总："那我把他的号码告诉你一下，你与他联系吧。"

情境分析

案例中的故事告诉我们，一张能说会道的嘴足以将强而有力的人际关系变成搭建销售员和新客户之间最好的桥梁。"有什么问题可以随时找我"为以后的挖掘客户埋下伏笔，小陈就是通过这种巧妙的引导成功借助老客户获悉新客户的联系方式的。

销售心经

据相关的调查显示，经营好 20% 的人际关系资源比登门拜访 80% 的客户更重要。因此销售员要想用一张利嘴谈出一群客户，还得依靠自己的人际关系。

1. 让自己值得引荐

要想得到客户引荐，销售员必须获得客户无条件的信任。要想换取这份信任，让自己值得被引荐，销售员就得为客户提供令他满意的产品，给他带来超值的服务，和他发展良好的关系。只有让客户觉得销售员是一个真正为自己着想、确实能够为自己带来利益的优秀的销售员，他们才会以自己的信用和人格做担保，心甘情愿地为销售员引荐新客户。

2. 大胆向客户提出引荐请求

在获得客户信任的基础上，销售员不妨及时提出请求引荐的请求。因为客户已经对销售员的产品或服务获得一定的认可，所以此时的请求，客户一般不会拒绝。不过销售员在提出这个请求的时候，态度和语气一定要真诚，这样才能成功打动客户。

3. 描述理想客户

有的时候，引荐客户就像介绍恋爱对象，销售员只有详细、准确地告诉客户你所寻找的准客户是什么样子，客户才能明确介绍的方向，为你引荐合适的"心仪对象"。

4．认定准客户资格

销售员要想找到真正"情投意合"的介绍对象，首先还需要在已经获得的准客户名单中一一甄选，对每一个准客户做资格认定，分析他们是否有可能成为客户。

5．请求新客户引荐

在得到老客户的帮忙，获得与新客户合作的机会之后，原来的新客户慢慢就会变成老客户，这个时候，这批变老的客户就会成为下一次请求引荐的对象。就这样，一批接一批的引荐工作持续下去，销售员就可以获得"取之不竭，用之不尽"的一大群客户。

6．感谢客户的帮忙

"结识新朋友，不忘老朋友。"在得到老客户的引荐后，销售员不能对他们弃若敝屣，一定要表示谢意，这是一个非常重要的步骤。另外，为了使引荐工作良性进行下去，必要的时候，销售员还需要给老客户一些"小恩小惠"，比如折扣、礼品等，这样他们才能有足够的动力继续帮忙充实你的客户群。

❓销售精英小贴士

　　销售员要想依靠自己的口才实现拓展客户的目标，需要借助人际关系的力量，将良性的引荐工作无限期地延续下去，这样，一大群客户资源才能轻而易举地被你囊括其中。

好口才，让你把陌生人变成客户

销售箴言

　　成功销售的关键在于能有效地开发客户，而好口才正是开发客户的重要本领。

　　商场里熙熙攘攘的人流，大部分是看客而不是买主。其实，面对这样一群陌生的看客，销售员不妨发挥一下自己的本领，用你的三寸不烂之舌将其变成真正的客户。

情境再现

　　一位中年男子领着女儿经过玩具柜台，这时，柜台里的橡皮泥吸引了小女孩的视线，于是父女俩便停了下来。玩具销售员笑容可掬地趋前问道："先生，您好！您的女儿长得真可爱，她今年几岁啦？"

　　"4 岁。"男士回答着，又转眼看别的玩具。

　　销售员继续说："哦，4 岁了，这个年龄正是培养孩子动手能力，开发孩子智力的黄金时间。"

　　男士听了销售员的话，认同地点点头。

　　销售员继续说："刚才宝宝喜欢的那个橡皮泥看起来简单，但实际用处可大着呢！宝宝用它可以随意揉、捏、挤、压，做出自己所喜欢的东西。这样既锻炼了孩子的动手能力，又能开发孩子的想象力。"一边说，一边把橡皮泥递给小女孩。

看到女儿玩得不亦乐乎，男子问道：

"这一套多少钱？"

"50 元！"

"太贵了，30 元卖不卖。"

"跟孩子的全面成长相比，这 20 元实在是微不足道的。"

销售员略停片刻，拿出一个小兔兔说："这样好了，这个也免费送给您，孩子可以按照这个模型捏一只小兔子。"说着，将橡皮泥连同小兔装好，递给男士，男士愉快地掏出 50 元交给销售员。

情境分析

有时候，开发客户并不是一件难事。案例中的销售员就成功地把这位潜在客户变成了现实客户。首先她用赞美的语言博得客户的好感，然后用"今年几岁"延伸了话题，轻易地将话题转到玩具上。"开发智力"和"培养动手能力"虽是虚话，但是却恰好满足了客户的心理需求。适时免费赠送小礼物，巧妙挡回客户的杀价请求，做得十分到位。总之，这位销售员用得当的销售技巧、高超的营销技能将一个陌生人轻松地变成了客户。

销售心经

在我们传统的教育观念中，碰到陌生的人，一定要提高警惕，不要轻易和他们搭话，然而作为一名销售员，则需要更多地同陌生人认识与交流，这样才会有更多源源不断的客户。那么销售员要想与陌生人实现高效沟通，有哪些技巧可循呢？

1．寻找共同点

一个人的心理状态、精神追求、生活爱好等，或多或少地要在其表情、服饰、谈吐、举止等方面有所表现。因此，销售员要养成善于观察的好习惯，这样就不难发现自己与陌生人的共同点。有了这些共同的爱好或者追求，就有了共同的语言，彼此之间会越聊越投机，这样一来，销售员与客户之间就很容易建立起沟通和信任的桥梁。因此，客户的身份也会慢慢地从一个陌生人转变为真正的客户。

2．主动打招呼

销售员和陌生人交流，首先应主动开口打招呼，这是销售员最基本的职业要求和职业素养。当客户感受到销售员的热情之后，也会礼貌地回应。顺着这些招呼的话语，销售员就可以询问对方籍贯、身份，从中获取有用的信息，或者通过对方的口音、言辞，判断其性格特点和心理需求。

当然，打招呼的方式，并不局限于语言。销售员也可以以动作开场，帮陌生人做某些急需帮助的事，这样一来，就会给销售员一个了解对方情况，打开交际局面的有利机会。

3．适当的赞美

销售员与陌生人交流的另一个绝招就是学会赞美。要知道，从刚懂事的孩子到已近暮年的老人，都喜欢被赞美。在生活中，无论是别人赞美我们花容月貌，还是聪明智慧，只要这种赞美不是另有所图，都会让我们感到骄傲自豪，心花怒放，也会对赞美者充满了无限的好感。因此，销售员一定要懂得利用赞美这柄利器。不过在使用时一定要实事求是、发自真心，否则不仅无法与陌生人拉近距离，而且还会招来他们的反感。

4. 多关心别人

每个人都喜欢得到别人的关心和爱护。销售员在与陌生人交流时,可以多留意对方的需求,然后在适当时施以援手,这样很容易拉近双方的距离。如某销售员坐地铁时,听到一位陌生人打手机和别人聊有关孩子学习的问题,于是在其打完手机后主动"献计献策",好心告诉他一些具有实用性的学习方法,于是一来二去,双方就渐渐熟络起来,这次温暖的关怀也给交易合作带来了新的机会。

❓ 销售精英小贴士

销售员在与陌生人交流的过程中,一定要扮演"追求者"的角色。积极主动打招呼,真诚热情多赞美,眼尖手快送关怀,这样才有可能把陌生人成功地转变为客户。

通过交谈快速确定谁是决策者

销售箴言

决策者对购买具有绝对的把控权,因此,销售员在拓展客户的过程中一定不可忽视决策者的力量。

认准谁才是真正的"一家之主",谁拥有最终拍板的权力,找对目标,然后使出浑身解数,才能找到真正有效的客户资源。如果无法识别决策者,那么之前的搜寻工作再怎么努力,也只能是徒劳无功。

· ·

情境再现

　　小宋是保险公司的一名销售员。一天他到一家公司办事，正巧碰到一位面色和善、穿着朴素的大姐坐在走廊的椅子上发呆。小宋一看，这不是一个大好的推销机会吗？小宋想起自己销售偶像原一平"保险生活化，生活保险化"的至理名言，于是自然大方地走向这位潜在客户，借故攀谈起来。

　　经过一番天南地北的畅快闲聊，大姐渐渐放下了对小宋的防备。于是小宋乘机引入保险的话题，"动之以情，晓之以理"的销售沟通技巧让大姐渐渐意识到保险保障的重要性，于是一口答应了小宋购买保险的请求。

　　当天晚上，正当小宋卖力地为大姐设计保险方案的时候，一个电话打来，彻底击碎小宋一颗欢呼雀跃的心脏。原来，大姐的老公才是真正的"一家之主"，他并不同意大姐购买保险的计划，并且还在电话里骂骂咧咧地说道："老子养活你们一大家子，已经够辛苦的啦，哪来的闲钱买保险。"说完，"啪"地挂断了电话，任小宋怎么打都不再接听了。

· ·

情境分析

　　案例中小宋积极争取客源的态度非常值得肯定，但是他的失误就在于没有找到真正的"决策者"，从而使到手的销售机会打了水漂。试想如果他当时能够打听清楚大姐家中谁能对金钱有决定性的支配权，就不至于让自己做那么多的无用功。

销售心经

俗话说，"办事要办在点子上"。在扩展客户的过程中，如果销售员不能找出具有决策权的人，即使自己的产品再优质，销售技能再高超，这些无效客户依然没有权利完成最后的交易任务。那么销售员通过交谈怎样快速锁定"决策者"呢？以下是几点参考建议。

1．巧妙提问

销售人员通过询问潜在客户的职业、职位等相关问题来分辨对方是不是决策者。此外，销售员还可以问一些实际性的问题加以判断，比如"你家的新房在哪个小区？楼房什么结构？地面如何处理？"如果对方是一个采购决策者的话，对于这些问题一定能了如指掌，从容应对。

2．认真观察

在寻找这个关键人物的过程中，销售员要懂得察言观色，观察参与者的言谈举止，从而得出自己的结论。一般而言，具有决策权的一方首先会表明自己的观点，提出自己的要求，而其他人都呈点头附和之态，或者不参与讨论发言。遇到这样的情况，哪位说话最有分量便一目了然了。

销售精英小贴士

在拓展客户的过程中，销售员一定要寻找有效客源——决策者。在甄别"决策者"的时候，销售员可以使用提问和观察两种方法。

实战篇

第三章

出口成金，约客户不再是难事

　　成功约见客户并不是一件简单的事情，它需要销售员
保持无所畏惧的心态，掌握各种约见客户的沟通技巧。此
外，销售员还要懂得把握有利的时机，避开语言的雷区，
准确抓住客户的心理，这样才能有效提高约见的成功率。

约见客户的沟通技巧

销售箴言

约见客户是整个销售过程中最为关键的一步，销售员需要使用沟通技巧让客户"上套"。

很多销售新人整天忙忙碌碌，工作卖力，但是始终约不到一个客户，难道真的是因为他们太笨了吗？其实"没有不好的土地，只有不好的耕作方法"。人天生没有"聪明"和"愚笨"之分，他们只是在与客户的沟通中没有找到一条销售的捷径而已。

情境再现

销售员："您好，请问您是张经理吗？"

客户："对，我是，你是哪位？"

销售员："我是××科技有限公司的客户代表张晋。冒昧问一下，您公司肯定也有打卡机，对吗？"

客户："对啊，公司肯定需要记录员工的出勤情况啊。"

销售员："那您公司的打卡机出现过什么异常情况吗？比如，指纹无法识别、时间不准确等。"

客户："是出现过这种情况，你能帮我解决这些问题吗？"

销售员："我们公司现在新推出一种考勤打卡机，其返修率不到万分之一，采用热敏技术，只需卡纸即可免费试用，而且支持一个班次3组时间设置，支持跨日设置，上下班还有音乐响铃提示，非常适合像您这样的大型商业单位使用。我想，您这么关心公司员工的工作效率，一定会给我机会拜访您吧？"

客户："当然，我对你的这个打卡机很感兴趣，我们约个时间聊聊。"

情境分析

在用电话向客户邀约时，如果销售员的说辞不能得到客户的认同，那么势必无法建立其见面约谈的信心。因此，在邀约时，销售要善于引导客户顺着你的提问一"是"到底，这样客户才能在惯性思维的作用下答应约见的请求。在本案例中，这名销售人员正是由于巧妙引导，得到客户很多个肯定的回答，最后才一气呵成，获得客户的拜访许可。

销售心经

销售是一门靠语言促成交易的商业活动，因此，成功邀约离不开沟通技巧。

1. 利用惯性心理，让客户一"是"到底

销售员在邀约时，通常会用产品介绍来打"头阵"。在产品介绍时，有一点需要特别注意，那就是介绍之初就要有意识地引导客户说"是"，这样成功邀约客户的概率会大一些。这是因为人有惯性心理，如果他对前面一系列问题的回答都是"是"，那对于后来的问题，他也会下意识地说"是"。

2．激发客户的兴趣

一般来说，客户的兴趣在洽谈约见的过程中起着非常重要的作用。因此，销售员提出的问题需要迎合客户的兴趣，这样才能激发其约见的冲动。比如，销售员可以这样说："我知道您喜欢复古中式风格的装修，我们公司的设计师对这种装修风格深有研究。不过光凭我说您可能没有很深的体会，我建议咱们约定个时间，您过来亲自了解和感受一下，然后再做定夺，好吗？"

3．封闭式提问

销售员在引导的过程中，不要用开放式的提问，选项最好两个左右，因为选择项很多的话，很可能让客户眼花缭乱，最终因困惑而难以选择。

这种"二选一"的提问的方法，对于与客户约见时间的销售员来说，效果非常明显。但是，在运用这个方法时，销售员必须态度和善，带有笑意，说话带有商量的口吻，否则，客户会有一种压迫感或约束感，从而令双方的对话陷入僵局。

4．巧妙化解客户的拖延

在与客户确定约见时间时，常会碰到客户类似这样的回答："我现在正忙，咱们以后再约时间吧。"面对客户的拖延，销售员最好不要轻易相信，"明日复明日，明日何其多？"碰到这样的情况，约见之日往往是遥遥无期的。此时，销售员不妨这样说："先生，您的时间非常宝贵，这我知道，我也不希望浪费您的时间。因为刚好我的面前有我的行程表，所以不如咱们现在就把会面的时间敲定了，您觉得呢？"

销售精英小贴士

　　沟通技巧对于销售而言至关重要。销售员要想成功邀约客户，需要学会巧妙引导，利用客户的惯性思维，让客户一"是"到底。此外激发客户兴趣、封闭式提问、"二选一"方法也有利于销售员获得约见机会。

大胆开口，否则何以得知客户是否愿意见你

销售箴言

　　勇敢是成功的秘诀之一，大胆的尝试是成功的一半。销售员如果不能大胆开口，很有可能扼杀一次成功邀约的机会。

　　有人说："不尝试，怎么知道自己不会成功？不挽留，怎么知道自己不会得到？有的时候，并不是没有机会，而是没有抓住。"这句话对于一个害怕遭拒的销售新人而言，是一个极大的鼓励。其实从事销售行业，客户的拒绝本来就是家常便饭，所以销售员不必存有"害怕被拒绝"的心理，不敢开口邀约，或者在电话邀约时表现得非常紧张。

情境再现

　　小郑是一位积极向上的阳光大男孩，更是某保险公司的业绩佼佼者。

平日里，公司的同事都喜欢亲切地叫他"向日葵"。大家之所以这么称呼他是因为他身上有着直面困难、勇往直前的可贵品质。即便客户一次又一次地拒绝他，他仍然有勇气拿起电话一遍遍地发出邀约的请求。

有一次，一位客户得知小郑要给自己推销保险之后，大骂："你们这些骗子，以后不要骚扰我！"骂完之后，果断挂了电话。谁知小郑又回拨了过去，然后说了一句让人惊讶的话："谢谢您，您让我向成功又迈进了一步。"

客户觉得很意外，好奇地问道："我都这样对你了，你为什么还要给我回拨过来道谢呢？而且做你们这行的，碰的钉子应该不少吧，你们怎么还有勇气不停约见推销啊？"

小郑一本正经地说："我的主管告诉我，失败的次数越多，成功的机会就越大。虽然您拒绝了我，但是我获取了失败的经验和教训，慢慢地和成功越走越近。再说了，我如果因为害怕被拒绝，就不敢给您打电话，那我永远不知道，客户是否愿意见我。如果客户真的有面谈的意向，那我岂不是失去一次合作的机会了吗？"

那位客户很欣赏小郑积极乐观的心态和无所畏惧的执着，于是就决定把小郑约出来当面具体了解一下产品。

情境分析

一个成功的销售员应该有积极乐观的心态和百折不挠的勇气。就像案例中的小郑一样，如果他没有再一次开口的勇气，何以知道客户是否有面谈的意向。机会从来都是给有勇气的人准备的，每一个销售员都应具备敢于开口，不怕拒绝的勇气。

销售心经

　　一般而言,害怕客户的拒绝是销售员不敢开口、办事拖延的最大根源,是销售的绊脚石。这种消极的心态势必会影响到约见的效果,进而会影响到销售业绩。所以,销售员要想突破心中自我保护的屏障,要想大胆开口说话,实现顶级销售的梦想,首先就得对客户的拒绝有一个正确的认知。

　　在销售中,遭到客户的拒绝是很正常的事。美国的研究表明,销售员每达成 1 次面谈,至少要受到客户的 6 次拒绝。日本的"销售之神"原一平先生从事销售工作 50 年,并有 15 年连续保持了全国销售业绩冠军,即使他有这样强的销售能力,依然无法摆脱被拒绝的困扰,更何况是一名普通的销售人员呢?所以说,作为销售员,没有人能够完全避免拒绝。既然拒绝就像空气一样无所不在,是销售的常态,那就没必要畏畏缩缩,不敢开口,有道是"看开了,也就释然了"。

　　拒绝并不可怕,关键是如何对待它。在面对拒绝时,销售员的心态决定了交易最后能否成功。如果销售员能以积极的心态来面对拒绝,大胆开口,请求约谈,那么下一次成交的机会说不定就近在眼前。如果销售员连尝试一下的勇气都没有,那么又怎么能知道自己是否还有成功的契机呢?

　　另外,自信也是成功邀约的必要因素。销售员一定要相信自己的工作能力,相信自己所销售的产品及服务,怀着自己是为了满足客户的需要、给客户带来利益的心态来约见客户,而不是乞求客户的帮助。这样,紧张和担心自然就消除了,电话邀约起来也就更有底气了。

销售精英小贴士

　　销售员要想突破畏首畏尾、不敢开口的桎梏，首先得对客户的拒绝有一个正确的认知，其次还要增强自己的自信心，这样才能冲破自己的心理障碍，大胆邀约客户。

说客户关心的事情，增加成功约见率

销售箴言

　　客户关心的事情是成功约见的重要砝码，也是顺利交易的关键。

　　"天下熙熙皆为利来，天下攘攘皆为利往。"趋利避害是人的本性使然，一般客户最关心的事情莫过于自己的利益。所以，在约见客户时，一定不要忘了使用利益诱惑法。倘若客户觉得有利可图，自然能激发其见面约谈的冲动，增加成功约见的可能性。

情境再现

　　销售员："我是××机械制造厂的王瑞，我们公司最近生产出一台全新的面包夹心机，请容我为您介绍一下，这套机器功能齐全，市场反响非常好，现在我们的产品宣传已经开始了，所以我特地打电话想约见您一下，您哪天有时间呢？这周五，您觉得如何？"

客户："不好意思，这周我没空。"

销售员："如果您这周忙，那下周呢？"

客户："下周我有个重要客户。"

销售员："那下下周，您应该方便面谈了吧……"

客户："你有完没完？我都说我没时间了！"

情境分析

在电话邀约的过程中，销售员最忌讳的就是忽视客户的需求和感受，自说自话，以自我为中心，陶醉于自己的事情和争取约见中。这样的约见不仅不会成功，很可能还会使客户完全丧失对你以及产品的兴趣。在本案例中，销售员一开始的产品介绍就没有成功激发客户的兴趣，而这名销售员尚不自知，却还在以自我为中心，絮絮叨叨地预约着面谈的时间，最后只能是吃了客户的闭门羹，受了客户的责备，惹得一肚子的委屈。

销售心经

一般而言，客户的利益是其永远关心的一个话题，同时，客户的利益也是其答应约见请求的一个很重要的因素。因此，销售员要想增加约见的成功率，就要从客户最关心的利益开始着手。

1. 让客户体会到产品的好处

在邀约的过程中，如果客户对你介绍的产品的好处感兴趣的话，必然不会百般推诿、婉言拒绝，即便自己无暇分身，也会挤出时间来抓住这次让自己获益匪浅的面谈机会。因此，约见时，销售员不妨将产品带来的益处事无巨细地交代清楚。例如可采用下面的沟通技巧。

销售员："我们公司最新推出一款保险，您每天只需存 20 多元钱，相信这对您的生活毫无影响。可当您缴够 20 年，一共才花 16 万元，最后得到多少钱呢？ 20 万元的身故保险金，20 万元的满期保险金，再加上 12.5 万元的养老金，一共能拿到 52.5 万元啊，16 万元变成 50 多万元，这算很高的利润了……"

2. 站在客户的立场上考虑问题

在约见的过程中，客户关心的是销售员说的话是否对自己有利。所以销售员一定要以客户为中心，站在客户的角度上考虑问题，这样才能引起客户约见的兴趣。以自我为中心的约见话语必然会犯了客户的禁忌，到头来喋喋不休，介绍了一大堆，没有一个触碰到客户的"利益点"，其约见结果可想而知。

销售精英小贴士

一个聪明的销售员总是以客户为中心，把为客户争取利益作为自己销售工作的宗旨，最后真正说到客户的心坎里，这样他约见的成功率自然会大大增强。

伶牙俐齿，突破前台有诀窍

销售箴言

前台是一个公司与外界联系的一个窗口，更是邀约关键客户的一大障碍，销售员要想突破重围，就得伶牙俐齿，与之斗智斗勇。

在工作过程中，销售员往往因为前台的阻拦而导致电话邀约的失败。通常来讲，前台具有很强的判断能力，能够辨识出哪些电话对于领导来说至关重要，哪些电话无足轻重，甚至是耽误时间。销售员要想让电话顺利接通到目标客户那边，首先得突破前台这一关。

情境再现

前台："您好！这里是×× 公司。"

销售员："您好，我想找一下你们张总，方便吗？"

前台："请问您是哪位？"

销售员："我是郑飞，我是张总的合作伙伴。"

前台："哦，非常抱歉，张总现在比较忙，您找他有何贵干？"

销售员："我想找张总谈一下这个月的项目计划。"

前台："既然这样，你不如打张总的手机吧。"

销售员："能麻烦您告诉我一下吗？因为我在外面，没有带他的名片。"

前台："不好意思，这个我不能随便告诉您。"

销售员："您这样做恐怕不妥吧。这么重要的事情耽误了我们俩都担不起这个责任。"

前台："哦，那好吧，张总的电话是151××××××××。"

情境分析

遇到警惕性很高的前台对于销售人员来讲是一件很棘手的事情，尤其是自己领导的电话，前台更是不愿轻易泄露。此时，销售员要想获得一个

"绿灯"通行的机会,需要以自信的态度和足够强硬且适当的语气来使前台妥协。

在上述案例中,这名销售员在做完自我介绍之后,在索要电话号码的时候受阻,于是他以"胁迫"的语气迫使前台"就范",从而获得了与目标客户交流的机会。

销售心经

要想成功的约到客户,销售员一定要千方百计地绕过纠缠不清的前台。以下是一些巧妙跨过前台的技巧,可供大家参考。

1. 突出自己的身份地位

前台在过滤每天接到的电话时,通常都会询问对方的身份,销售员在回答的时候,如果自己的职务比较高的话,最好突出自己的身份地位,如"我是××生物科技公司的钱经理"。这样就会给前台一定的威慑力,有利于为自己开启畅行通道。当然,做出这样回答的前提是你确实是一位销售经理,否则被拆穿之后会累及自己的声誉。

2. 突出自己与目标客户之间的关系

在前台核实身份信息时,销售员要学会打"人情"牌,比如用"我是他的朋友""我是××,我们是老相识了"或者"我是你们公司的战略合作伙伴"。这样的说辞,一般都不会被前台拒之门外。

3. 回答时理由要充分

"有什么事"通常是前台的口头禅。在说自己的事由时,销售员要给出一个充分的转接理由,比如,"他发给我的文件,有个地方我需要和他商榷一下"。总之,在说明转接理由时,要重点突出事情的重要性和紧急性,这样前台才不会怠慢。

4. 态度要自信

自信是开启成功之门的金钥匙。销售员表现得越是自信，前台的意志就越容易被你所影响，从而按你的指令行事。如果销售员说话唯唯诺诺，没有底气，那么难免会有撒谎心虚的嫌疑，前台对你的话自然不会信服。

5. 语气可以适当强硬

有时候，与前台的较量就像是压弹簧，"你强他就弱，你弱他就强"。销售员如果态度强硬，前台就会迫于压力主动妥协。比如，"这件事情不是你应该过问的""这么重要的事情耽误了你能负责吗"类似这样的说辞可以帮助你成功突破前台。不过，还有一点销售员需要注意，能否成功跨越前台这道障碍的关键就在于你施加压力的技巧和程度，一般用威严但平等、中性的口吻容易让其让步妥协。

6. 以沉默的气势压倒对方

有人说"沉默是金"，但某种程度上，沉默是一种手段，一种技巧。在前台严防死守的情况下，销售员不妨尝试以沉默的气势压倒对方，说不定这样可以有效绕过销售中的第一道障碍。面对你的沉默，前台很有可能在想："如果是销售员的话，他们最大的特点就是没完没了地介绍产品，可是这个人却这样沉默。我想他找总经理一定有重要的事情，如果在我这儿耽误就不好了。"这样一来，销售员就可以轻易和目标客户对话了。

销售精英小贴士

在约见客户的实战中，销售员首先要使用各种策略，突破前台的阻碍，从而成功获得与关键联系人沟通的机会。

避免客户反感的言语，否则你休想见到客户

销售箴言

语言是一门很高深的学问。销售员要想成功约见客户，就得
避开一些语言的"雷区"。

俗话说："病从口入，祸从口出。"恰到好处的语言可以起到事半功倍
的作用，不合时宜的语言则会让事情前功尽弃。作为一名销售员，更应该
"三思而后行"，在开口之前，知道什么该说，什么不该说，当心因为言语
的不当导致约见任务泡汤。

情境再现

刘洪毕业于北京某知名大学。在进入销售行业以前，他觉得自己上知
天文，下知地理，无所不能。在进入销售行业之后，他认为自己委身于这
样的职业有点大材小用，在面对"弱智"的客户便显得有些不屑一顾。

一天，刘洪与一位客户电话沟通时，客户对他的产品介绍听得不甚明
白。经过几次反复解释之后，刘洪显得有些着急了，于是责怪的话一不小
心就脱口而出："你的理解能力真差！"客户听了他的话，怒气冲冲地说道：
"明明是你自己解释不清楚，还怪到我头上来了。就你这种态度，还指望

见面详谈？做梦去吧你！"

刘洪意识到自己的失态，于是想赶忙赔礼道歉，但是对方早已怒不可遏，"啪"的一声挂掉了他的电话。

情境分析

在工作过程中，销售员一定要谨遵客户就是上帝的原则。案例中刘洪的做法就严重背离了这一准则，一不小心说了一些有损客户尊严的话语，触碰了客户心中的底线，最后导致预约失败。因此，销售员一定要吸取教训，在与客户交流的时候用文明礼貌规范自己的言语，以表示对客户的尊重，这样才能与客户进行更加融洽、深入的交流。

销售心经

"良言一句三冬暖，恶语伤人六月寒。"在预约客户的过程中，销售员一定要谨慎措辞，千万不要触碰以下这些语言的禁忌。

1. 批评性的语言

客户在与销售员交流时，都希望享受到上帝般的尊荣。所以销售员不要说批评性的语言。例如，"你说话的声音真粗""你的语速太快了，跟打机关枪似的，我听不懂"……类似这样的话无论谁听了都不会高兴。此类话一旦出口，轻则引起客户反感，重则彻底失去预约的机会。

2. 命令性的语言

销售员一定要对客户的身份地位有一个正确的定位，他不是你的奴仆，而是高高在上的上帝。所以在销售中，指示性质的语言不允许出现。而有些销售新人往往经验匮乏，没有养成良好的语言习惯，所以经常不自觉地说出一些带有命令性质的语言，使客户产生被压制的感觉，从而导致其失去进一步面谈的兴趣。

3．专业性强、晦涩难懂的语言

销售员在介绍产品功能时，可能会用到一些专业性很强的语言。但是专业性术语常常会使客户听得如坠云里雾里，最后失去倾听兴趣，被拒绝也是在所难免。比如，有的保险销售新人在进行产品说明的时候，给客户抛出一大堆专业术语，"豁免保费""债权""债权受益人""费率"等，如果不懂得把这些术语转化为简单的沟通技巧，则很难达到有效沟通的目的，预约结果可想而知。

4．缺乏事实依据的语言

销售员不要为了增加预约的成功率，就随意夸大产品的功能和价值。这样的话语缺乏可靠性，即便是此刻侥幸让客户相信了，终究还是要接受客户的检验。如果产品远远低于客户的期望值，仍然不能顺利成交。所以为了预约而夸夸其谈的做法没有任何意义。

有章可循、有据可依的语言才具有说服力，才能经得起客户的检验。要想赢得客户的信任，夸张不切实际的语言是不可取的，最理智的做法应该是引用实例、数据、权威认证等实实在在的内容，这样预约之后成交的概率才会大一些。

5．带有攻击性的语言

在销售行业里，同行之间竞争激烈，但销售员不可用一些攻击性的语言贬低竞争对手，甚至把对方说得一文不值，这样会给客户留下没素质、低俗的印象。当然了，一个缺乏职业道德的销售员发出邀约，客户接受的可能性更是微乎其微。

当客户问起同行的产品时，销售员可以用："产品各有各的优势，我们的产品优势在于……我觉得这样的优势更加适合您。"不仅可以缓解尴尬，还能把客户的注意力重新集中到产品上。

6. 带有怀疑性的语言

在邀约的过程中，有的销售员生怕客户听不懂自己的话，所以常常会用带有怀疑性的语言询问对方"您明白了吗？""您能理解吗？""您清楚了吗？"等，这样的语言会让客户觉得你在怀疑他的智商，因此会产生厌恶、反感的情绪。如果实在担心客户不明白，销售员不妨用委婉的语言询问对方："有没有需要我详细解释的地方？"这样客户会比较容易接受。

同时，销售员也不要带着怀疑的语气询问客户，如"难道您家人以后的生活就不需要保障吗？""您怎么可能没有时间呢？"这些话很容易激发客户的逆反心理，进而影响到预约的效果。

7. 不文明的语言

没有人喜欢和一个满口不雅之言的人交流，客户都喜欢和有礼貌、素质高的销售员合作。因此，出口成"脏"是销售语言的大忌。销售员在邀约的过程中，一定要杜绝污言秽语，否则会损害自己的个人形象。

销售精英小贴士

销售员要想成功见到客户，那就要避免使用批评性、命令性、专业性太强、夸大性、攻击性、怀疑性、不文明的语言，否则，会把客户越推越远。

选对邀约时机，胜算才会更多一些

销售箴言

"时来天地皆同力，运去英雄不自由。"选对邀约的时机，可以增加成功的胜算。

当你买了一块香甜的巧克力，舍不得吃，小心翼翼地收藏在口袋里，许久之后，等你再看见它时，已经融化了；当你买了一件心仪的长裙，舍不得穿，郑重其事地锁在衣柜里，许久之后，再看见它时，却发现已经过时了。时机对于事情的成败起着关键的作用，销售约见也是一样的道理。当销售员选对了邀约时机，胜算才会更多一些。

情境再现

销售员："李女士，您对我们的保险产品也有了一个大致的了解，那咱们明天上午详细面谈一下，您看好吗？"

客户："明天是周六，我女儿一早还要去上钢琴辅导班呢！"

销售员："那下午怎么样？您方便吗？"

客户："下午我得把孩子送她奶奶家，这是我们固定的全家团聚日，不能随意改动。"

销售员:"那周日呢?"

客户:"周日也不可以,我和我闺密已经约好一起去游泳馆了!"

销售员:"那您什么时间方便?"

客户:"除了周六日其他时间都可以,我是家庭主妇,平时又不忙,你这个人太不会挑日子了!"

....

情境分析

约见客户,为表尊重,首先要根据客户的时间来安排。案例中的销售员就是太急于求成了,没有事先询问客户的意见,更没有根据客户的职业判断邀约的时间,导致客户产生不满的情绪。所以销售员要想顺利约见客户,不能以自我为中心,客户的需求才是最要紧的,对客户的关注多几分,邀约的胜算才能多几分。

销售心经

和客户邀约会面的时机有一定的讲究。客户是面谈的主体,所以首先要尊重他的选择,其次挑选邀约时间还要根据客户劳动的强度以及其职业划分仔细推算。

1. 按周划分

(1)周一:这是双休日刚结束上班的第一天,这个时间段客户一般会参加一些重要的会议,或者制订本周的工作计划,所以会很忙碌。销售员如果有业务联系,应尽量避开这一天。如果找客户确有急事,则应该避开早上的时间,选择下午会好一些。

(2)周二至周四:这三天是最正常的工作时间,也是电话邀约的最佳时机，销售员应该充分利用好这三天。这也是约见成功与否的关键所在。

（3）周五：这一天是一周的工作结尾，如果销售员此时邀约，客户多半没有心思交谈，客户处于厌倦期，所以邀约危险系数很高。

2．按天划分

（1）8：30 ～ 10：00

这个时间段是客户一天当中最忙碌的时候，如果销售员此时邀约，客户对自己的业务都无暇顾及，更不会有时间进行会面约谈。所以销售员不要自己往客户的枪口上撞，这不是电话约见的安全时间。

（2）10：15 ～ 11：00

这段时间客户大多不是很忙碌，一些事情也会处理完毕，应该是约谈的最佳时间段。

（3）11：30 ～ 14：00

这个时间段，客户正在吃午饭和休息，所以销售员最好不要不识时务地去踩这个地雷。

（4）14：00 ～ 15：00

饭后血糖和大脑皮层的交互作用下，人会感觉到烦躁、疲劳，尤其是夏天。客户在这种负面情绪的困扰下，一般不会有一个好的约谈效果。

（5）15：00 ～ 16：10

这个时间段，客户一般精神亢奋，心情愉悦，因此他们有倾听的精力和耐心，把约谈时间放在这个时间段，一般会有很理想的效果。

3．按职业划分

（1）财务人员：月初和月末是财会人员最忙的时间，所以销售员最好把邀约的时间放在月中。

（2）行政人员：10：30到15：00之间是邀约的最佳时间。

（3）股票行业：邀约时间选择在收市后，另外，碰到熊市，销售员最好不要招惹客户。

（4）银行人员：10:00 前或 16:00 后邀约比较合适。此外，此类客户比较严谨，所以销售员在产品介绍时，最好保证相关数据的准确性。

（5）公务员：销售员切勿在午饭前或下班前邀约。

（6）搞餐饮的：销售员千万不要把邀约时间定在进餐之时，一般15:00 ～ 16:00 最为合适。

（7）搞建筑的老板：清早或收工的时候正是最好的拜访时机。

（8）律师：10:00 前或 16:00 后是最合适的约谈时间。

（9）教师：16:00 后上课时间结束，很适合约谈。

（10）零售商：周末或周一是他们最忙的时候，销售员要主动避开，一般最好把时间定在 14:00 ～ 15:00。

（11）工薪阶层：一般下班时间他们比较清闲，所以销售员最好把约谈时间定在 20:00 ～ 21:00。

（12）家庭主妇：10:00 ～ 11:00 比较适合邀约。

销售精英小贴士

　　销售员要想把握邀约的时机，首先要尊重客户本人的意见，其次还要根据其职业以及其在每周、每天、每个时间段的工作量决定。

巧妙应对客户的"改天再说"

销售箴言

"改天再说"是客户的拖延战术，也是成功约见的绊脚石，销售员需要巧妙应对。

作为一名销售员，并不是每个电话都能顺利约访的。一般客户都会找一些委婉的理由来推辞你的约访，"改天再说"就是其中之一。客户这样的拒绝有很多的含义，有可能是他现在正忙，有可能是他现在不需要，还有可能信不过产品和销售员……对此，销售员可以通过"约定下次交谈时间"或"限定交谈时间"两种方法来应对，争取沟通机会。

情境再现

销售员："您好，刘总，我是××公司的李佩，我知道贵公司是生产服装产品的，我们公司现在推出了一套设备，可以帮助您提高5%的产量。"

客户："你是要给我推销设备的吧？"

销售员："刘总，我只是想跟您简单介绍一下，相信您一定会对它感兴趣的。"

客户："我现在正在开会呢，改天再说吧！"

销售员："不好意思，真不凑巧，这个时候给您打电话打扰了，那我明天再联系您吧。"

（第二天的电话，客户仍说没时间……一个星期后，销售员又一次拨通了客户的电话。）

销售员："刘总您好，我是××公司的李佩，我之前联系过您，不知道您对我还有印象吗？"

客户："哦，你又要给我推销东西了？"

销售员："我是想给您介绍我们公司新上市的一种设备，刘总您现在不忙了吧？"

客户："对不起，马上有个员工培训会需要参加，这会儿我得准备准备，改天再说好吧。"

销售员："刘总，我知道您工作尽职尽责、应接不暇，但我只打扰您3分钟的时间，就3分钟好吗？如果您听了觉得感兴趣，那咱们就见面详谈，如果您没兴趣，那我立马挂电话，您看可以吗？"

客户："嗯，那你赶快说。"

··

情境分析

案例中，对于客户"改天再说"的婉拒，销售员起初用"约定下次交谈时间"的方法应对。但这个方法对于没有诚意沟通的客户来讲并不奏效，因此，销售员又改变了战术，用"限定交谈时间"的方法，最终得到了3分钟与客户交流的机会。当然，如果3分钟的产品介绍能引起客户的兴趣和情感认同，那么，他自然也不会再去计较谈话时间的长短，见面约谈也是顺理成章的事情。如果产品介绍中，客户不为所动，那么销售员将会失去这次约见的机会。

销售心经

客户的"改天再说"，从字面意思上来看，今天不和你说了，也许几天后再来谈谈。其实，稍微有经验的销售员都知道，客户再次交谈的可能性很小。因为他并没有和销售员交流的诚意，所以才会一而再，再而三地拖延。但是"我很忙，改天再谈"这一理由也可能是真实情况，所以销售员要善于判断，根据客户在电话里反映出来的信息判断其言辞是否真实，若情况属实，则应尊重客户的选择，并且约定下次交谈时间，然后礼貌地结束通话，给客户留下一个好的印象。

若多次通活都遭到此类原因拒绝，那么"改天再说"则是客户的推诿之词，销售员可采用限定交谈时间的方法，但提出的限定时间不可过长，一般 5 分钟之内为宜。根据销售员多年的经验显示，在限定的时间内，一味介绍产品的优点并不是最有效的做法。要想成功激发客户面谈的冲动，销售员最好先设法引起客户的兴趣，或试图和客户建立情感关系，短短的 5 分钟是不可能完成销售任务的，这点时间的意义在于争取更长的沟通时间。

销售精英小贴士

碰到客户"改天再说"的婉拒，销售员首先要弄明白其真实意图，然后再决定使用什么样的应对策略。一般而言，若客户真的在忙，那就重新约定交谈时间，若客户借故推诿，则限制交谈的时间。

言语留"话头"，为下一次沟通打基础

销售箴言

销售员要懂得"未雨绸缪，早虑不困"的道理，在约见客户时留下"话头"，可以为下一次沟通奠定良好的基础。

在动物世界里，有一种完全生活在地下的鼠类，它的名字叫鼹鼠。鼹鼠前肢发达，脚掌向外翻，是一个挖洞能手，它挖的不是一条直直的洞穴，而是四通八达、立体网状的坑道。要创造出这样的"杰作"，当然不是一件简单的事情，但一旦完成，就可以守株待兔地等食物上门。同样在地底钻土而行的蚯蚓、甲虫等，常会不知不觉闯进鼹鼠的地盘，最后变成鼹鼠的盘中美餐。有的时候，在坑道里俘获的昆虫太多，吃不完，它们就将这些"猎物"咬死，然后放在储藏室里。有人就曾在鼹鼠的储藏室里发现数以千计的昆虫尸体。

其实鼹鼠这种未雨绸缪、先苦后甜的做法很值得销售员学习。在电话预约中，如果销售员也能够未雨绸缪，在言语当中留下"话头"，那么无疑会给以后的沟通留下很多的便利。

情境再现

销售员:"您好,请问是陆女士吗?我是××健康中心的赵晴。"

客户:"你好,我是,你有什么事情吗?"

销售员:"陆女士,是这样的,您在我们的网站上提交了一份关于如何选购一台辐射较小的微波炉的提问。正好目前我们中心引进了一款无辐射的微波炉,我想,这一款微波炉一定适合您的要求。"

客户:"无辐射的微波炉真的存在吗?"

销售员:"陆女士,我们引进的这一款微波炉采用的是最新的光波技术,它与普通的微波炉的原理不同,加热方式也不一样,所以您不用担心辐射的问题,而且它可以自动旋转加热食物。我想问您一个问题,您以前使用微波炉时是不是有什么不适的症状?"

客户:"那倒没有,我也没有用过,只是听说经常吃微波食品的人,体内会发生严重的生理变化,所以我为了健康一直没有买微波炉。"

销售员:"陆女士,我们这一款微波炉与传统的微波炉不同,它不但无辐射,而且所采用的技术还保护了食物的水分,使食物在加热的过程中减少水分蒸发,所以您买的时候不用有这方面的担心。"

客户:"你们的这款微波炉要多少钱?是不是要比普通的微波炉贵呢?"

销售员:"因为它的生产成本要比普通的微波炉高一些,所以价格自然贵一些。但是,陆女士,您放心,这一款微波炉绝对是物超所值。那您想选择什么价位的呢?"

客户:"1000元左右的。但是我个人还是比较喜欢无辐射的这一款,只要你们的东西值那个钱,贵点我也无所谓。不过,它真的是无辐射的吗?"

销售员："是的，这点您完全可以放心，假如您今天下午有空的话可以到我们中心来，我可以给您演示它的使用方法。要是您诚心想要购买的话，我也可以帮您向我们经理申请，附带赠送一套微波炉专用厨具给您。"

客户："是吗？还可以免费送我厨具呀！那我今天下午两点到你们中心看看，你把地址告诉我吧。"

情境分析

在本案例中，销售员以客户的需求为出发点，给其推荐了无辐射的微波炉，解决了客户害怕受辐射的心理困扰。同时又做出现场演示和赠送微波炉专用厨具的承诺，既触动客户约谈的冲动，又为下一次交流打好基础。

销售心经

成功的销售员懂得未雨绸缪的道理。在约见的过程中，他们总能保持主动，做好精心的铺垫，避免临时抱佛脚的慌乱，既给客户留下深刻的印象，同时又为下一步的沟通打好基础。

销售员怎样才能给客户留下"话头"，做好拜访的铺垫工作呢？

1. 从好处出发

销售员要想为下一步的交流沟通打好基础，就要从客户的利益点出发，根据客户的需求，介绍产品的独特优势，用产品的优势抓住客户的注意力，让产品的优势引领客户约谈。

2. 从经济角度出发

当销售员站在经济实用的角度上为客户省钱时，客户才会让你赚钱。众所周知，客户都喜欢买到物超所值的产品，如果销售员在与客户沟通时，多给其提供一些省钱的建议，客户一定会对你这个"同一战线"上的战友青睐有加，从而愿意接受你下一步的拜访请求。

3．从解决实际问题出发

一个能吸引客户继续交流的产品一定是能帮其解决实际问题的产品。因此，销售员在邀约的过程中，一定要以为客户解决实际问题为中心，巧妙地引导客户认识到其所面临的危机感，然后适时地为其提供解决问题的办法，以此为进一步的拜访创造一个绝佳的机会。

销售精英小贴士

客户的利益是指引其购买的关键因素。因此，销售员不妨从产品优势、经济角度、解决实际问题这几个角度出发，从而为进一步的约见和交流打好基础。

第四章

开场要说好，说得好才能卖得巧

在销售工作中，开场白直接关系到销售员是否能够获得推销的机会，是否能够把潜在客户变成现实客户。因此，销售员要珍惜这个初次见面的机会，事先做好开场的准备，熟练掌握各种开场的方式，同时不忘将肢体语言、听力与口才巧妙配合，这样才能为推销活动创造一个良好的开端。

说好开场白，生意就成功了一半

销售箴言

好的开始是成功的一半，开场白的好坏几乎可以决定这一次访问的成败。

开场白是指销售员与客户初次见面一两分钟之内说的话。开场白虽然时间较短，但是其意义重大，客户往往通过开场白决定是尽快打发销售员还是继续交谈下去。因此，销售员在与客户交谈之前，一定要想好自己的开场白。好的开场白能够像磁铁一样紧紧吸引客户的注意力，给他留下一个深刻的印象，从而使推销拜访工作顺利开展。

情境再现

在咖啡厅里，保险销售员小梅看见一个衣着华丽、气质高贵的女士正在喝咖啡。因为觉得这是一个有潜力的客户，所以迅速走上前去搭话。

"您好，我可以坐在这里吗？"

这位女士看了一下她，没有说话，只是轻点了一下头。之后她们展开了对话。

小梅："今天阳光明媚、晴空万里，是一个难得的好天气。"

女士:"嗯,你说得对,好久没有看见这么灿烂的阳光了。"

小梅:"大姐,说句不好意思的话,我远远地就被您身上这件别致的上衣给吸引了,它和您的气质好搭。而且它的质量看起来也不错,一定价值不菲吧?"

女士:"对呀,这身衣服也是我非常喜欢的,这是前段时间我先生从英国为我带回来的礼物。"

小梅:"怪不得这么有档次!看得出来,您老公对您很好!"

女士:"是啊,我觉得自己很幸福……"

小梅:"那您想不想让现在这种幸福更有保障呢?"

女士:"这话怎么说?"

小梅:"是这样的,大姐,我叫王梅,是××保险公司的一名销售代表,我们公司现在新推出了一项对客户非常有利的保险。我知道您有一个幸福快乐的家庭,所以我今天想把这份家庭保障计划推荐给您,不知道您有没有兴趣了解一下。"

女士:"这样啊,那你说说看。"

小梅:"这项保险是这样……"

经过一番讲解,最终小梅不仅成功地让这位女士购买了保单,而且通过这位女士,小梅又结识了另一位想买保险的客户。

情境分析

在这个案例中,销售员小梅巧妙地运用赞美的力量,消除客户的排斥心理,获取了她的好感,为自己接下来的推销工作争取到了一个交流沟通的机会。由此可见,一个好的开场白对于整个销售过程至关重要。

销售心经

当代世界权威的推销专家戈德曼博士强调，在面对面的推销中，说好第一句话是十分重要的。客户听第一句话的认真程度要远高于以后的话，它关系着客户对销售员的第一印象，说好说坏，直接决定了销售员是否能够获得推销的机会，是否能够把潜在客户变成现实客户。

为了保险起见，销售员的第一句话最好能找些实用或者出其不意、新颖的话来吸引客户，这样既能让客户产生倾听的兴趣，又能让客户立刻做出反应。

怎样才能通过短短几句话成功吸引客户的注意力呢？销售员可以借鉴以下几种方式。

1. 提及客户可能最关心的问题

例如，"听您的朋友说，您想要那种轻巧的、方便携带的，能近距离拍摄照片的相机……"一语中的话很容易引起客户的注意，进而为下一步的交流创造可能。

2. 谈谈双方都熟悉的第三方

例如，"是您的朋友王先生介绍我与您联系的，他说您最近有买保险的打算……"中国人讲究交情，每个人都有"不看僧面看佛面"的心理，同时大家也很依赖和信任自己熟悉的人，所以共同的第三方可以帮助销售员接近客户。

3. 让对方对某件事物引起共鸣

例如，"人们都说'一病返贫'，不知道您是不是也有类似的感受……"销售员可以从新闻报道或客户身边的人、事、物入手，发表看法，感染客户，引起客户的共鸣，这样会有助于销售工作的顺利进行。

4．提客户的竞争对手

例如，"我们刚刚和 ×× 公司有过合作，他们认为……"当客户听到竞争对手时，往往会变得很敏感，下意识地就把注意力集中到销售员谈话的内容上来。

5．突出有实效的话语

例如，"我们的打折促销活动可以帮您省去一半的费用，截止日期为12 月 31 日，所以我觉得应该让您知道这种情况……"这种时间的限制往往会让客户产生紧迫的心理，进而想抓住时机尽快了解情况。

6．用数据来引起客户的兴趣和注意

例如，"通过增加这个设备，可以使贵公司的生产效率得到 50％的提升……"有的时候，数据比语言更具有说服力。

销售精英小贴士

在拜访客户时，销售员一定要选择好开场的话题，一些和客户利益相关的、引发客户共鸣的、和竞争对手有关的、具有实效性的话题都可以引起客户的兴趣，抓住客户的心。

你不可不知的几种开场方式

销售箴言

好的开场方式可以激发客户进一步交流的兴趣，让其愿意更多地了解产品和服务。

有一位讲师在开讲之初，说了这样一段话："我最近心情不好，一直不想活了，想上吊，没绳子；想割脉，怕疼……想想还是讲堂精彩的课，把自己兴奋死算了。"这样充满幽默气息的开场白肯定会一下子就牢牢抓住观众的注意力，活跃了课堂的氛围，起到很好的讲演效果。作为一名销售员，也应该练就一副"铁齿铜牙"，用好的开场方式为客户留下一个深刻的印象，使之不忍离去。

情境再现

在 20 世纪 60 年代，美国有一位著名的销售员叫乔·格兰德尔。由于他经常在推销的过程中施展一些小招数，因此有个非常有趣的绰号叫作"花招先生"。他拜访客户时，会把一个 3 分钟的蛋形计时器放在桌上，然后郑重其事地向客户承诺，只打扰他们 3 分钟，等时间一到，客户没有兴趣听下去，他会自动离开。

然后，他会利用蛋形计时器、闹钟、20 元面额的钞票及各式各样的花招，让客户静静地坐着听他讲话，并对他所卖的产品产生兴趣。

有时候，他也会问："××先生，请问您知道世界上最懒的东西是什么吗？"

面对他突如其来的疑问，客户常常不明所以，于是只能无奈地摇摇头，表示猜不准。

"就是您收藏起来不花的钱，它们本来可以用来购买空调，让您度过一个凉爽的夏天。"

这样一来，这番饶有兴致的对话经常让客户在不知不觉中产生继续倾听的冲动，于是他的产品介绍便自然而然地展开了。

情境分析

销售员要明白，好奇心是所有人类行为动机中最有力的一种。于是"花招先生"乔·格兰德尔就利用人们的好奇心，为其提供新奇的东西或者有意思的问题。对于新奇的东西，人们都想一睹为快或者一探究竟，于是乔·格兰德尔就借助这样有意思的开场白获得了推销产品的机会。

销售心经

初次见面，销售语言不适合开门见山地说。如果销售员一进门就推销或者讲价格，往往会引起客户的反感，甚至直接被客户赶出门外。客户对陌生的人或事都有警惕心理，销售员首先应该通过轻松愉快的开场白突破客户的心理防线，然后才能开展销售工作。

以下是销售高手常用的一些经典开场白。

1. 招呼式开场白

这是最常见的开场方式。销售员与客户交流，见面后的第一礼节就是和客户打招呼并问候客户，然后才能进入实质性问题的探讨。

销售员在打招呼时要保持微笑，亲切和善；热情诚恳，真诚自然；声音洪亮，吐字清晰，文明礼貌，举止得体，这样才能给客户留下一个好印象。

2. 赠品开场白

占小便宜是客户购买产品时普遍存在的一种心理倾向，因此销售员可以投其所好，采用赠品开场白进行推销。很少人会拒绝免费的东西，用赠品作敲门砖，既新鲜，又实用。客户获得赠品之后，也就不好意思拒绝销售员的推销了。

3．感激开场白

在初次见面时，销售员可以用感激的话开启之后的推销活动。例如，"××先生，很高兴您能够接见我。我知道您很忙，我也非常感谢您在百忙之中能够给我几分钟，我会很简要地说明。"当客户听到此类感谢的话时，一定会心生愉悦，并对销售员产生好感，也愿意耐心倾听销售员的讲话。

4．好奇心开场白

现代心理学表明，好奇是人类行为的基本动机之一。著名教育实践家和教育理论家苏霍姆林斯基说："求知欲，好奇心，这是人的永恒的，不可改变的特性。"那些客户不熟悉、不了解、不知道或与众不同的东西，往往会激发起他们探索的欲望，因此，销售员可以利用客户的好奇心理接近客户。

5．表演展示开场白

产品是最直接的刺激物，销售员可直接利用产品展示法吸引客户的注意力。产品展示带来的视觉冲击力远远比平淡无奇的产品介绍更吸引人的眼球。这样的开场方式既可以让销售员迅速接近客户，又可以把产品的特点、性能一一展示在客户面前，具有很强的说服力。

一位消防用品销售员见到潜在客户后，并没有费尽脑汁想吸引客户的开场白，而是从提包里拿出一件防火衣，将其装入一个大纸袋，旋即用火点燃纸袋，等纸袋烧完后，里面的衣服仍完好无损。这一举动引得周围的人纷纷驻足观看，不一会儿，防火衣就在销售员的引导下抢售一空。

6．震撼法开场白

人们对于震撼人心的人或事往往会有深刻的印象。销售员可以利用某种令人吃惊的方法引起客户的注意和兴趣。比如，一位保险销售员对一位客户拜访时，开场白就引用了一项统计资料："据官方最近公布的人口统计资料，平均约有 75% 以上的夫妻，都是丈夫比妻子先去世。对此，不知道您有什么想法？"这样震撼人心的消息既引出了客户的注意和思考，又引出了接下来要推销的话题。

？ 销售精英小贴士

　　要想达到理想的面谈结果，销售员不妨用招呼式开场白、赠品开场白、感激开场白、好奇心开场白、表演展示开场白、震撼法开场白为进一步的销售活动开一个好头。

推销产品前，先推销自己

销售箴言

　　"客户不是购买商品，而是购买销售商品的人。"推销自己是推销产品的重要前提。

　　乔·吉拉德说过这样一句话："不管你卖什么，你永远卖的是你自己。"销售员要想赢在开场，迫不及待地进行产品介绍并没有什么说服力，而言谈举止散发出来的魅力才能很好地把自己推销出去。而自我介绍就是向客户展示自身魅力的一个关键环节，是销售员在客户心中塑造形象的重要机会，同时也是推销自己的关键所在。因此，销售员一定要抓住这次自我介绍的机会，迅速拉近彼此间的距离，从而成功地把自己推销出去。

情境再现

案例一：

销售员："李先生，您好，我是××公司的销售顾问刘欣，我很真诚地告诉您我的意图，今天来是为您介绍我们公司最新推出的一款保险产品。"

客户："最烦你们这些做推销的人了，一天到晚骚扰我。"

销售员："那我真要小心了，别再又为您增添一个徒增烦恼的人了。"

客户："呵呵，你说话可真有意思，说吧，你今天准备了什么产品？"

销售员："我们最近有一款新的……"

案例二：

"您好，我是晨星，作为一名销售员，我相信我的出现肯定会对您的某种需求有所帮助。我从事销售行业已经很多年了，我们的洗衣液也畅销全国各地，帮助很多人解决衣服污渍难洗掉的困扰。虽然我不敢说我们的产品100%让您满意，但是我绝对会付出100%的努力争取满足每一个客户的需求。"

情境分析

短短几分钟的自我介绍正是推销自己的最好时机。上述两个示范案例，总体效果不错，但是侧重的角度不同，各有千秋。案例一中的销售员这简单的自我介绍，虽然说没有什么太高的含金量，但是他却用诙谐幽默的话语博得了客户的笑容，化解了开场的尴尬，成功地让客户接受了自己。案例二中的销售员直抒胸臆，用铿锵有力的措辞表达竭诚服务的诚意，很具感染力。

销售心经

与客户见面，首先要让客户知道并记住你是谁，这是推销自己的首要步骤。如果这个"自报家门"巧妙得体，那么就会给客户留下很深的印象，获得一个良好的开端，有利于销售工作顺利进行下去。如果开场便出师不利，很明显会增加销售的难度。

销售员与客户见面的第一瞬间，应该如何推销自己呢？

1. 把握好自我情况介绍的内容

对于初次见面的客户，销售员在自我介绍时要按照"自我介绍＋利益陈述"的模式，而自我介绍的内容则包括本人的姓名、所属的公司、承担的职务三项。这三个要素相辅相成，缺一不可。

（1）姓名：姓名要说完整，对于初次见面的客户不可说"我是小刘"，或者"我是小李"，这样很容易给客户留下模糊的印象。为了加深客户的记忆，销售员可以在姓和名之间加上巧妙的注释，这样不仅能让客户记住你的名字，还能体现自己的文化素养和口才水平。

（2）单位：对于公司的名称要全部报出，以便客户能准确知道自己公司的相关信息。对于你的所在工作部门，必要时可以相告，一般可以暂不报出。

（3）职务：如果担任高职务，最好报出来，以便在介绍产品时赢得客户的信任。如果普通职员，可以将自己的称谓专业化，比如，保险销售员可以称自己为"理财顾问"，房屋中介人员可以称自己为"房产经纪人"，这样比"销售员"的说辞更具说服力。

2．使用好自我介绍的技巧

（1）注重语言和举止的协调。销售员如果要想给客户树立一个良好的形象，不仅要注意自己的"言谈"，更要注意自己的"举止"。如果动作呆板，行为失当，即便是自我介绍说得再天花乱坠，也会让你的形象大打折扣。只有语言和举止和谐统一，才会使你的介绍声情并茂，给客户留下深刻印象。

（2）在做自我介绍时，首先要信心十足，昂首挺胸，面带微笑，举止大方自然。唯唯诺诺、畏首畏尾的表现无法建立客户的信任。

（3）说话时注意语气自然、语速均匀、吐字清晰，确保信息能准确无误地传递给客户。

（4）措辞要新颖，有创意的介绍才能吸引客户；反之，毫无新意的闲言碎语切勿反复提及，比如，"我叫小红，大小的小，红色的红。"这样画蛇添足的表述只会起到相反的作用。

（5）确定优先顺序。也许销售员有千言万语想向客户传达，但是在这简短的时间内是不可能一一阐述清楚的。为了避免让自己陷入语无伦次的尴尬局面，销售员要学会去粗取精，甚至可以巧设悬念来引起客户的兴趣，千万不能舍本逐末、主次颠倒。

（6）把握好时间。在自我推销的过程中，一定要力求简洁，避免繁杂冗长。一般自我介绍的时间通常以 30 秒为宜，如果没有特殊情况，最好不要超过 1 分钟，否则会让客户失去听下去的耐心。总之，销售员请记住：匆匆 30 秒的自我介绍，就有可能让你找到与客户的契合点。当你与客户心灵相通时，产品销售就变得简单很多。

销售精英小贴士

　　客户在了解产品之前首先接触的是销售员，因此，大家请记住：在推销产品之前，先推销自己。销售员只有熟练掌握各种自我推销的技巧，才能在接下来的销售活动中夺得先机，稳操胜券。

第一次见面，该说什么要心里有数

销售箴言

　　与客户初次见面，该说什么一定要心里有数，盲目拜访会降低销售的成功率。

　　销售员获得一次成功约见的机会并不容易，因此要好好把握。在约谈的过程中，该说什么，不该说什么一定要心里有数。而得当妥帖的销售沟通技巧离不开拜访前的准备工作。销售员如果事前不做充分的准备，很有可能腹内空空，面对客户大脑一片空白，不知道从何说起，也有可能语无伦次，无法准确找到客户的需求，这样会让拜访变得十分被动，最终乘兴而来，败兴而归。

　　失败的准备意味着准备着失败。因此，销售员要想在初次见面时，说话胸有成竹，表现得游刃有余，准备工作至关重要，这是销售人员在与客户的"攻防战"中取胜的决定性因素。

情境再现

吴镇辉是一家皮鞋厂负责渠道拓展的销售员，由于刚入职不久，所以很多事情都还不太熟悉。一天他去某大型商场采购部拜访黎经理，想和他商谈一下新产品进店事宜。

吴镇辉："您好，李经理！我是××皮鞋厂的小吴，昨天和您通过电话。"

此话一出，采购经理一下子变了脸，骤然站起来说道："你弄错了，我姓黎，不姓李。"

吴镇辉："哦，真的很抱歉！今天我到这里是想向您介绍我们厂新推出的几款时尚休闲皮鞋，它们很吸引年轻人的眼球，所以市场前景非常好。"

采购经理："你又搞错了，我们商场主要的消费群体是中年人，所销售的都是款式大方、具有品味的中高档皮鞋，所以你推荐的那些时尚皮鞋在我们这儿并不受欢迎。"

接连碰壁的吴镇辉觉得自己脸上有些挂不住，为了缓解这尴尬的氛围，他讨好地递上一根烟。

谁料采购经理指着墙上"请勿抽烟"的标牌说道："对不起，这里禁止吸烟。"

这下吴镇辉羞得满脸通红，他觉得自己一定要干点什么，以扭转这个败局，于是他又"赞美"起对方来："黎经理，您的衣服既整洁又干净，嫂夫人一定是个勤劳贤惠的好女人！"

采购经理的脸色更难看了，愤怒地说道："我和老婆已经离婚一年多了！真是哪壶不开提哪壶！你今天来是故意找碴的吧！"

然后吴镇辉被采购经理以"待会有事"为由礼貌地请了出去。

情境分析

案例中的吴镇辉之所以被客户"请"出了办公室，最重要的原因是因为他没有在拜访前做好充分的准备，致使说话失了分寸，频频出错。如果他在见面前做足"功课"，就不会叫错客户的姓，不会不知道客户的需求盲目推销，不会触及客户的痛处，把自己置于尴尬的境地，更不会白白浪费一个大好的销售机会。由此可见，做好准备，把握分寸对于双方的交流沟通来说至关重要。

销售心经

对于销售员而言，不打无准备之仗，方能立于不败之地。一个精心的准备能让销售人员减少犯错误的概率，能让自己做到心中有数，信"口"捻开，能让自己言辞得当，给客户留下一个好的印象。

1. 客户的信息要熟练记忆

在见面之前，销售人员就要弄清楚客户的姓名、性别、职务等信息。如果有认知模糊的地方，一定要多方打听予以核实，以保证信息的准确性，例如："您好，我刚与你们的采购部经理约好明天见面，麻烦问一下，他是姓李还是姓黎，我刚才没听清楚。谢谢！"只有把这些信息全部明确，并且牢固记忆，方能在见面约谈时游刃有余，不至于招来客户的反感。

2. 拜访目标要逐一明确

如果问一名销售人员"你今天拜访客户的目标是什么"，获得的答案十有八九是"把产品卖给客户"。其实，这不能作为每次拜访的目标，因为很多交易并不能一蹴而就，成功是由一个个小小的目标积累而成的。因此，销售人员在每次拜访最后设定具体目标，如"拉近双方之间的心理距离""了解客户的需求""探知客户的心理价位"等。销售员有了明确的目标之后，就会有行动的指南，组织语言也会心中有数，不再盲目乱讲，语无伦次，没有重点。

3．好的开场白不可或缺

开场白是销售员与客户初次面谈的重要内容之一。开场白是否具有吸引力，从某种程度上说决定着销售的成败。所以，销售人员千万不可忽视开场白的作用。为了给客户留下一个深刻的形象，销售员需要针对客户类型、会见场合、拜访时间等，设计好自己的开场白。关于说好开场白的具体方法，本章前面已说过，这里就不赘述了。

销售精英小贴士

一个好的开始意味着成功了一半。销售员与客户初次见面时，一定要事先做好准备工作，弄清楚客户的相关信息，明确自己的拜访目标，说好自己的开场白，这样方能做到心中有数，得心应手。

寒暄，与客户快速拉近距离的利器

销售箴言

寒暄有助于制造一个好的开场，也可以拉近销售员与客户之间的心理距离。

寒暄是一种礼节性的行为。无论是销售员与老客户之间见面，还是与陌生客户见面，都需要说上几句寒暄的话，这样才能有效消除客户紧张、戒备的心理及陌生感，沟通彼此之间的感情，创造出和谐的交流氛围。当然了，寒暄也是开场的重要内容，通过寒暄可以建立客户对销售员的好感和信任，从而为进一步交流沟通打好基础。

· ·

情境再现

净水器销售员仇超："李先生，您家里的这套家具色泽温馨柔和，轮廓瑰丽华美，真的好有格调。"

客户："呵呵，过奖了。"

仇超："最近天气好，您不打算和家人出去踏踏春吗？"客户："哎，工作太多，根本无暇分身。"

仇超："李先生，您喜欢看篮球吗？"

客户："呵呵，我可是忠实的球迷，有空闲的话还会和朋友们打打球。"

仇超："您那边的架子上有好几个篮球，哇，还有一些吉祥物，我可以看看吗？"

客户："当然可以了，这些是我在 2008 年奥运会期间买的。"

仇超："真羡慕您啊，我也相当喜欢篮球，经常熬夜看比赛呢。"

客户："一样，我都看了 20 多年了，没办法，他们比赛的时间太晚，我最喜欢看勒布朗·詹姆斯打球。"

仇超："是吗？我也特别喜欢，他的技术水平真是一流，两度获得 NBA 总冠军啊。"

客户："是啊，这个赛季他也有很出色的表现，你别站着，坐一会吧，我给你倒点儿水喝。"

仇超："别麻烦了，李先生，您请坐！"

客户："没关系，认识你这个志同道合的球友真得很高兴，咱们坐着聊会吧。"

....

情境分析

适宜的寒暄可以为开场创造一个良好的交谈氛围。案例中的净水器销售员仇超就是通过家具、天气、篮球等寒暄内容创造了一个和谐愉快的聊天氛围，快速拉近了与客户的心理距离，同时彼此之间建立了信任关系，为初次见面开了一个好头。

销售心经

许多人对寒暄存在一定的认知误区，他们总觉得寒暄只是闲聊，并没有真正重视它的作用。其实，寒暄是正式交谈的前奏，它的"调子"定得如何，直接影响整个谈话的过程。

那么，什么是客户爱听的，可以作为寒暄的话题呢？以下是一些参考意见。

1. 要大胆地和客户交流，敢于向客户抛出话题。这句话适应于销售新人。因为，他们在刚开始拜访客户时，不知道该跟客户讲些什么，很容易冷场。

2. 寒暄的内容契合客户的兴趣。这要求销售人员自身必须有广泛的兴趣爱好和宽广的知识面。只有扩宽自己的视野，聊天的时候面对风土人情、旅游见闻以及客户的兴趣爱好等话题才能应对自如，否则交流的时候索然无味，无法建立双方之间的信任关系。

3. "寒暄"时涉及客户隐私的话题绝对不能提，除非客户主动告诉你。这些涉及隐私的话题有收入、家庭、婚姻等。

如果寒暄按照交流的内容划分，可以分为以下几种类型。

1. 问候式寒暄

问候式寒暄是开场白中最常见的一种，销售员在与客户第一次打交道时，第一礼节就是要问候对方，这样接下来的推销活动才不显得突兀。例如：

"您是孙经理吧？久仰！久仰！"

"石经理，见到您很高兴！"

"看您身强体健，一定是健身达人吧！"

问候式寒暄能让销售员了解客户的身份、性格、籍贯、爱好等。虽然这些信息和销售没有直接的关系，但是它可以帮助销售员打开话题，让客户觉得与你有话可谈，甚至建立信任关系。值得注意的是，销售员要注意在问候客户时，话语要委婉，恰到好处，用语不宜过多。如果滔滔不绝地说个没完，难免会让客户有嫌恶之感。

2. 赞美式寒暄

世界上最华丽的语言就是对他人的赞美。适当的赞美不仅可以拉近销售员与客户之间的心理距离，更可以打开客户的心扉。不过，赞美客户必须要实事求是，发自内心。如果赞美的话不真诚，反而会让客户觉得你虚伪做作，刻意阿谀奉承。如对方明明声线粗犷，你却说"您的声音真的很甜美"，这样对方不仅会觉得很难堪，甚至会觉得你是在借此嘲笑他。

下面是两个赞美客户的开场白实例：

"石经理，我听朋友们说您在生意圈是出了名的痛快人，今天和您合作，真的倍感荣幸！"

"恭喜您啊，肖总，我刚在报纸上看到您的消息，祝贺您当选十大杰出企业家。"

3. 聊天式寒暄

聊天式寒暄就是销售员与客户聊一些无关紧要的话题，其实就是用一些漫无边际又不让人厌恶的话题来接近客户，寻找成交机会。例如：

"今天的天气真不错！"

"街上的人真多呀！"

这种寒暄的方式对于新老客户都非常适用，它很容易让客户卸下心防，打开话匣，彼此之间很快熟络起来。

4. 攀亲认故式寒暄

钱锺书说，中国人见面都有"攀亲"的习惯。在客户的资料中，或者在对方的口音中，都可以知道对方的籍贯或者曾经在哪里居住过。这时，销售员可以通过风土人情、特产等相似之处，创造两个人共同的圈子，这样双方在感情上又靠拢了一步。

5. 应变式寒暄

即针对具体的交谈场景，临时产生的问候语。这考验的是销售员的应变能力，当对方正在做某件事情，或者身处某种工作环境，销售员能够就地取材，临场发挥，将其作为寒暄的话题。

比如：

"夏总，您可真够忙的。"

"牛经理，原来您也是球迷。"

"呵呵，您有这么一个乖巧可爱的女儿，真的好幸福！"

销售精英小贴士

寒暄是成功销售的关键。要想赢在开场，销售员需要全面了解寒暄的内容，准确把握寒暄的技能技巧，这样才能迅速与客户拉近心理距离，为销售活动制造一个好的开场。

尽早与客户进入"同一频道"

销售箴言

"酒逢知己饮，诗向会人吟。"初次会面，客户只有与"同一频道"的"知己"才能相谈甚欢。

有这样一个笑话：某男去给新买的车上牌照，他挑中 MN521。朋友问其含义，他答曰："美女我爱你！"车开到家，他老婆看见车牌一下子就乐了，大喊："这牌子好啊！猛男我爱你！"很显然，男人和他老婆并不在一个频道上，所以对于同一个车牌，才会有完全不同的两种解释。同样的道理，销售员要想取得良好的推销效果，见面之处就要和客户步调一致，背道而驰的产品销售只会与客户越走越远。

情境再现

焦涛是某家进口啤酒公司的销售员。一天，他们公司进口一种新啤酒。在扩大市场的过程中，有一个开了 10 家连锁饭店的潜在大客户，焦涛想把新啤酒销售给这个客户，可是多次拜访，都吃了对方的闭门羹。焦涛并不甘心，他相信自己一定能啃下这块"大骨头"。

一天，他又一次登门拜访。毫不意外，还没来得及问候，客户又用不耐烦的语气给他下了逐客令："你怎么又来了？我不是告诉过你我最近很忙，没有空吗？你真的好没眼色！你赶快走吧，不要麻烦我叫保安！"

这样一盆冷水浇在谁头上都不会好受的，但焦涛不但没有心里不舒服，而是马上想到了"情绪同步"这四个字，所以他立刻用和客户几乎一样的语气说："陈总，您怎么回事儿？每次看见您都闷闷不乐的，您到底为了什么事情烦心？讲出来，说不定我能帮上您什么忙！"

那个客户看见焦涛的反应，觉得有些诧异，然后激动的情绪也慢慢平复下来了。这时候，那个客户用无奈的语气说道："小伙子，你有所不知啊！我最近之所以烦主要是因为花了很多时间培养出来的 3 个分店经理让竞争对手给撬走了，你说他们还有没有良心？我今年下半年计划开 3 家分店。现在一切准备就绪了，你说我上哪儿找合适的人选？"

焦涛说："陈总啊，看开些吧！现在'交不为利，仕不为禄'的人还有几个？我也有过和您类似的烦恼。前年，有一个朋友第一次来北京，无亲无故，我觉得他怪可怜的，于是将他收留在家里，半年后他找到一份工作，搬离我家，从此音信全无，不再和我有任何联系。我当初一片赤诚，以情相待，他觉得无利可图，便弃若敝屣，现在想想都有点不值得！"

……讲了十几分钟后，焦涛站起来说："陈总，既然事情已经发生了，我们再牢骚抱怨也无济于事了！不如先把这些不痛快的事情搁置一旁，好好喝一杯，正好我车上带了一箱新的啤酒，您先尝一尝，不管好喝不好喝，过两个星期，等您的问题解决之后，我再来打扰您。"

那个客户听了后就顺口说："好吧！那你就先搬下来再说吧！"

情境分析

案例中的焦涛之所以获得交流的机会,是因为他懂得和客户"情绪同步"。客户伤心难过,自己决不能欢声笑语,更不能忽视客户的感受一味地推销产品,这种不同步的举动只会给销售带来更大的阻力。为了使双方在同一频道上,焦涛故意说出自己的遭遇,这样一来,彼此之间似乎有了一种同病相怜的感觉,这种共鸣使得双方之间心与心的距离越来越近,进而为后来推销活动打好坚实的感情基础。

销售心经

作为销售员,一定要懂得与客户"同悲同喜""休戚与共"。当客户眉开眼笑,心情愉悦时,销售员一定也要保持活力,把笑容常挂在脸上;当客户循规蹈矩、不苟言笑时,销售员也要比较严肃,和他在情绪上保持一致;当客户比较随和、爱开玩笑,销售员也需要谈笑风生,诙谐幽默,这样一来,才能博得客户的好感,为进一步沟通争取到机会。

其实这就是所谓的情绪同步。它要求销售员能快速进入客户的内心世界,从对方的观点、立场看问题、感受事情。做到情绪同步最重要的是设身处地。

除了情绪同步之外,销售员还要设法让自己的语调、语速、肢体语言等与客户保持在"同一频道"上,这样才能快速建立亲近感。

1．语调和速度同步

如果客户是一个慢条斯理的性格,说话慢慢吞吞,声音抑扬顿挫,那么销售员也一定要以相同频次的语速与之对话,机关枪似的扫射不仅无法让客户理解你说话的内容,更容易引起其厌恶情绪,反之亦然。

2．肢体语言同步

根据调查,人与人之间的沟通,文字只占了 7% 的影响力,语气和语调占 38%，而肢体语言占 55%。由此可见，肢体语言也是重要的沟通方式。肢体语言一般包括：表情、手势、姿势、呼吸等。销售员模仿客户的坐姿、站姿，或者手势，更容易获得其认同。

销售精英小贴士

初次见面，销售员与客户保持同步非常重要。情绪同步、语调和速度同步、肢体语言同步可以帮助销售员获得客户的认同感，为进一步的沟通交流开一个好头！

想要客户关照，肢体语言同样重要

销售箴言

好的表达方式不仅表现在嘴上，身体语言同样重要，它是获取客户关照的一种重要途径。

心理学专家认为，无声语言所显示的意义要比有声语言多得多，而且更加深刻。因此，销售员在与客户初次见面时，一定不可忽视这些下意识的举动，也许一个善意的眼神，一个不经意的微笑，一个简单的握手动作，就可以给客户留下一个良好的印象。凭着这些肢体语言带来的良好的印象，加上说话的技巧和丰富的销售经验，一定能将客户收入囊中。

情境再现

销售员:"您好,有什么需要帮助的?"

客户:"我想买台电视机。"

销售员微笑着说:"您想要多大尺寸的?"

客户:"42英寸的。"

销售员:(小臂往左一晃,手跟小臂呈一条直线,晃出一道优美的弧线)"您看这一款怎么样? 液晶的。"

客户:"画面看起来还挺清晰的。"

销售员看着客户很认真地说:"是啊,智能型全彩LED显示屏,高分辨率,您看……"

客户:"你这显示屏的质量怎么样啊?"

销售员随手拿起一只碳素笔:"我可以在显示屏上使劲敲,您看……"

客户:"质量不错啊……"

销售员:"我用笔划一下,您再看……"

客户:"这都没事! 你们送货时间……"

情境分析

案例中的销售员在肢体语言(面部微笑、目光交流、手势、移动、示范)的辅助下,成功引起客户了解的兴趣,最后说服客户做出购买的选择。倘若仅有干巴巴的销售语言,没有这些得体的肢体语言帮忙,未必这么快就能将俘获客户的"芳心"。因此,与客户交流时肢体语言很重要。

销售心经

肢体语言对于交流沟通具有重要的意义。得体的肢体语言不仅能在举手投足之间流露销售员的涵养、风度、气质、学识和品味，而且可以为双方进一步沟通做出良好的铺垫。反之，不得当的肢体语言会导致销售失败。

1．面部表情

在销售开场时，销售员要保持微笑的表情，注意目光交流，并且随着交谈的深入，面部表情不断地发生变化。只有将表情同交谈的气氛融为一体，才能有效吸引客户的注意力，从而给客户留下一个深刻的印象。

2．手势

在销售员开场表达时，最好做一些开放式的手势，而不要做一些封闭式的手势。此外，手势动作幅度不宜过大，次数不宜过多，不宜重复。手势的上界一般不应超过对方的视线，下界不低于自己的胸区，左右摆的范围不要太宽，应在人的胸前或右方进行。用这样的手势交流才比较规范。

3．移动

在开场表达时，销售员移动的目的有两个：一是接近客户，因为近距离更容易调动客户参与的积极性；二是对每个客户保持相等的距离。不要因为老客户就始终离他近，新客户就始终离他远。"厚此薄彼"的行为容易冷落新客户，进而导致他们的反感。

4．站姿

良好的站姿能衬托出高雅的风度和庄重的气质。销售员最正确的站姿应该是两脚与肩同宽，脚尖朝前。歪歪扭扭，脚尖点地的站姿会给客户一种不耐烦和催促的感觉；两腿交叉，单手叉腰则给客户一种傲慢无礼的感觉。此外，弯腰驼背、左摇右晃、撅起屁股、身体倚门、手插衣袋的姿势更是大忌。

5. 坐姿

一些销售员在客户面前总是坐立不安，晃来晃去，结果给客户留下了极差的印象，因此他们的销售往往以失败告终。

一般而言，正确的"坐相"应该是这样的：在客户尚未坐定之前，不要先坐下；入座轻柔和缓，至少要坐满椅子的 2/3；落座后坐姿要端正，轻靠椅背，身体微向前倾，禁忌猛起猛坐和跷"二郎腿"，这样会给客户留下一种不稳重、不可信的职业形象。

销售精英小贴士

肢体语言可以给客户一种真实感和认同感，销售员一定要牢记各种肢体语言的准确要领，通过肢体语言传达给客户有效的信息，并抓住客户的心理，赢得客户信任，实现交易。

初次见面，好听力搭配好口才

销售箴言

善于倾听客户讲话是一种很高雅的素养，也是对客户尊重和认同的一种体现。

在销售活动中，有些销售员急于求成，只顾着展露自己的口才功夫，滔滔不绝地向客户介绍产品，却从来不给客户表达的机会，结果客户的需求无法得到真正的满足，渐渐地失去听下去的耐心，最后导致销售的失败。

殊不知，"听说结合"才是销售制胜的利器，销售员唯有将听力和口才巧妙搭配，才能真正捕捉到客户的态度和情绪，从而使自己真正掌握销售的主动权。

情境再现

销售员："王先生，通过观察贵厂的情况，我发现你们自己维修花的钱比雇佣我们还要多，是这样吗？"

客户："我知道这样的做法并不划算，而且我也承认你们的服务不错，但你们毕竟缺乏电子方面的……"

销售员："不好意思，请允许我打断您一下……有一点我想说明一下，任何人都不是天才，修理汽车需要特殊的设备和材料，比如真空泵、钻孔机、曲轴……"

客户："是的，不过，你没有完全听明白我的话，我想说的是……"

销售员："我并没有曲解您的意思，就算您的部下是全能型人才，但是'巧妇难为无米之炊'，没有专业设备他怎么能干出有水平的活来……"

客户："你还没有弄清我的意思，现在我们负责维修的师傅是……"

销售员："等一下，王先生，我只说一句话，如果您认为……"

客户："我不想再和你说话了，我们俩说不清楚，你走吧！"

情境分析

在与客户谈话时，销售员一定要保持谦虚的态度，将对方的话听完、听懂，自以为是地打断非常不礼貌，案例中的这个销售员就在沟通过程中犯了这一大忌。一个合格的销售员应该懂得让客户充分地表达他们的想法，没有一个客户会喜欢那种自作聪明、不停插话的销售员，如果销售员非要反其道而行之，结果只能是以失败而告终。

销售心经

倾听是一种礼貌，更是一种尊重。许多销售员成功的秘诀之一就是鼓励客户多说，自己则在一旁认真地倾听，在谈话的过程中了解对方的所思所想，从而增加交易成功的概率。那么如何才能实现高效率的倾听呢？

1．把握客户语言中的问题点和情绪性字眼

从某种角度上来讲，销售就是一个帮助客户解决问题的过程。不过有的时候客户的问题会出现很多种，真假难辨，无法预料。销售员要想了解到最核心、最令客户困扰的问题不是一件简单的事情，必要的时候要用口才巧妙引导并用心倾听。

此外，情绪性的字眼表达的是客户潜意识的导向，销售员在倾听的时候要格外的注意。比如，"太棒了""太好了""怎么可能"等，这些字眼传递出客户的思想和态度，销售员只有了解仔细揣摩，明确寓意，才能对症下药，一击即中。

2．不要随便打断客户

每个人在讲话的过程中都不希望被别人打断，所以销售员不要轻易地打断客户的谈话，如果有没听清楚的或者不赞同的地方，可以等客户说完，然后再礼貌委婉地提出来，不过不应当耽误太多时间。客户只有获得倾诉和发泄不满的渠道，才会有进一步沟通下去的兴致。

3．积极主动地回应客户的谈话

销售员在听客户说话时，不要只是被动地接受信息，必要时，还需要对客户的谈话做出回应。例如，我们可以这样说："您说得对。""我同意您的看法。""嗯！是这样的。"这样可以让客户感到我们在专心听他讲话，从而能鼓励他们继续讲下去。相反，如果在倾听的过程中，对他的讲话没有丝毫的回应，一定会挫伤其说话的积极性，最终会影响双方沟通的顺利进行，甚至导致谈话的中断。

4．认真思考，虚心向客户请教

在客户讲话的过程中，销售员还要集中精力，认真思考。对于自己听不太清楚的问题予以确认，比如可以这样说："您这句话的意思是……，我这样理解对吗？""按我的理解，您是指……""您能再详细说说吗？"这样不仅会给客户一种心灵的满足感，而且还可以深层次地了解客户的谈话意图，判断客户的需求，从而顺利进行销售。

5．认真做好记录

在倾听的过程中，有时候客户会讲很多内容，尤其会涉及多个重点，对此，销售员并不一定都能全盘牢记，因此做好记录非常有必要。比如与需求有关的一些重要信息，客户提到的一些专业术语，一些重要的电话号码、联系地址等。做记录不仅能表明销售人员对客户谈话的重视，而且还能唤起事后的记忆，有利于保留和整理客户信息。

销售精英小贴士

为了更好地了解客户内心真实的想法，销售员一定要将听力和口才有机地结合在一起，这样才能使得沟通更为有效，成交目标更容易达到。

第五章

说到点子上，用卖点激发客户购买欲

　　客户的购买欲望是双方顺利交易的关键所在。要想激发客户的购买欲，销售员除了要把握好客户的关注点和潜在需求之外，还要用简洁凝练的语言介绍好产品的卖点，这样才能有效激发其对产品的认同感。此外，巧用数据和知名的成交都可以建立客户对产品的信赖，激发其购买的欲望。

用产品的卖点给客户"灌耳音"

销售箴言

要想把话说到点子上，销售员在介绍产品时一定要找准产品的卖点，炫好产品的亮点。

任何一件产品都有自己的卖点，产品的卖点其实就是指与其他产品相比较之后，该产品所凸显出来的长处。一个优秀的销售员能够将自己产品的卖点深入地挖掘出来，在向客户介绍时不断地强调这种卖点，以此来激发客户购买的欲望。

情境再现

客户："您给我推荐的这个房子，虽然说出行比较方便，但是它比较紧挨马路，住进去会不会太嘈杂？我的睡眠质量一直不是很好。"

销售员："张大姐，您多虑了，房子虽然临街，但是它处于中间地段，两边都是绿化植被，而且墙体很厚，双层玻璃，隔音效果非常好，所以根本不会影响到您的生活。"

客户："小王，你再看看这个楼层，真的是太高了，我们上下班很不方便。"

销售员："张大姐，您现在六楼，楼层还不算太高，如果赶上上下班的高峰时段，电梯挤的话，我建议您走走楼梯，只需提前出门两三分钟即可，顺便还可以锻炼一下身体。您也知道买房买不到十全十美的房子，适合自己的才是最好的。虽然它楼层有点高，但是您看这个房子的户型多完美啊，两个大卧室朝南，光照充足，而且南北通透，通风条件良好，如果您住进去一点也不用担心阴暗潮湿的问题。这样的房子住得非常安心健康！"

客户："呃……"

销售员："而且这个小区内绿化率高，配套设施齐全，室内活动室、儿童游乐区、篮球场等一应俱全，您在闲暇之余散散步、打打球，既能锻炼身体，又能呼吸到新鲜空气，多好啊！"

客户："好吧，你说的有道理。那就选它了。"

情境分析

案例中的客户虽然表达了很多的不满，但是销售员都能避重就轻，把谈话的内容转移到产品的卖点（户型完美和配套设施齐全）上来。正是由于销售员巧妙地用产品的卖点给客户"灌耳音"，最后使得客户相信了房源的使用价值，从而促成了交易。

销售心经

产品的卖点是激发客户购买欲望的最大驱动力，销售员不妨用产品的卖点给客户"灌耳音"。那么产品的卖点主要包括哪些方面？销售员在提炼的时候可以从哪些方面入手？

1. 质量卖点

产品的质量是企业的生命，同时又是客户最重要的关注点之一。在与客户沟通时，销售员要在产品的质量和档次上多花点时间，这样比较容易建立客户的信赖感。比如，可以对客户说产品通过了国际质量体系认证等。

2. 功能卖点

产品的功能是客户购买的主要理由之一。在与客户沟通时，销售员要突出产品的多功能性，如数码相机和手机等。同样价钱的商品，功能越齐全，越容易获得客户的青睐。

3. 颜色卖点

产品的颜色也极大地影响着客户的购买欲望，尤其对于女性客户，颜色似乎比产品的其他部分更有吸引力。所以，销售员如果面对的是女性群体的话，一定要少谈产品的价格，多说产品的款式和颜色。

4. 价格卖点

在价格领域，销售员要针对目标客户，因人而异，因为产品在消费者中是存在等级的。一般对于中低端的销售群体，销售员可以利用价格优势激发其购买的兴趣。

5. 服务卖点

产品的售后服务客户也很看重。比如，商业意外险，客户不仅关心保险保障的范围，更加注重保险的理赔服务是否能及时到位。

销售精英小贴士

要想真正打动客户，激发其购买的欲望，销售员需要用产品的卖点给客户"灌耳音"。一般产品的卖点可以从其质量、功能、颜色、价格、服务等方面加以提炼。

以最快速度让卖点变成客户心中的亮点

销售箴言

为了加速客户购买的冲动，销售员需要充分发挥口才魅力，以最快速度让卖点变成客户心中的亮点。

有一位父亲问儿子："你有什么样的人生追求？"儿子回答："美女和金钱。"父亲生气地给了儿子一巴掌。儿子遂又回答："爱情和事业。"父亲赞赏地摸了摸儿子的脑袋。

由此可见，语言的魅力是无穷的。同样的一个意思，使用两个不同的词表达出来，意境截然相反。作为一名销售员，也要懂得语言的转换，将产品的卖点变成客户心中的亮点，有利于增强其购买的欲望。

情境再现

刘光在一家房地产公司做销售。有一天，他看到一位客户手里拿着广告宣传单走进销售大厅，很显然这位客户是来买房的。

刘光上前热情地问道："您好，我是这家房地产公司的销售人员，请问您需要帮助吗？"

客户："哦，你好！我想了解一下你们公司的楼盘。"

刘光："好的，很高兴为您服务，请问，您购买时在地理位置上有什么要求？"

客户："你们这个楼盘的地段看上去和××地段的房子都不错，所以我得再好好比较一下。"

刘光："哦，好吧，××地段的房子我正好熟悉，两个楼盘之间的利弊我帮您全面地分析一下。"

客户："好啊，太感谢了！"

刘光："首先，从交通条件这方面来看，我觉得我们这个楼盘略胜一筹。因为这个楼盘离地铁口和公交车站都很近，出行非常便利。而且这边的居住条件比较成熟，这附近购物、娱乐、教育、医疗等各方面的功能设施比较齐全，到时候你生活在这里非常方便。而那个地段还没有形成这样的商业环境，相信您已经看到了。"

客户："嗯，这点我了解了，还有其他方面的差异吗？"

刘光："其次，从装修程度来看，那个楼盘要比这边好一点，不过我们这边好在价格便宜，如果您的预算不多的话，可以为您节省一大笔开支。如果您想要按照自己喜欢的样式对房子进行装修，这笔钱也足够用了，甚至还能为您多添置几件精美的家具。"

客户："嗯，您说得很对，并且我自己对装修也有一定的要求，装修程度越高，对我发挥的限制就会越大。"

刘光："嗯，对，我能看得出来，您是一个个性鲜明、追求品质的人。最后，与其他楼盘同等面积的房子相比，我们房间的布局简单实用，空间利用率也高。此外，我们在入户门与客厅门之间设计入户花园，这可是其他楼盘所不具备的。"

客户："分析之后好像你们这儿的楼盘优势更多一些，是吗？"

刘光："我只是尽量把我们房子的实际情况介绍给您，以供您参考。以您的见识和才智，孰是孰非，相信心中早有定数，最后选择购买哪里的房子还是由您自己做决定。您说是吗？"

客户："嗯，那倒是，不过你刚刚分析的这些也非常在理，这样吧，把你们的资料给我一份，我回去以后再征求一下我爱人的意见。"

刘光："好的。这是资料，这是我的名片。如果您有什么疑问和不明白的地方可以随时给我打电话，希望能尽快收到您的答复。"

客户："好，再见！"

刘光："再见！"

情境分析

案例中，销售人员面对前来购房的客户，将楼盘的优势和卖点主动地转换为客户实实在在的利益，让客户眼前一亮。比如，靠近地铁、公交可以让客户出行便利，周围功能设施齐全方便客户的生活，虽然装修方面不足，但是价格低可以为客户节约购房成本，而客户还能够根据自己的心愿装修房子……销售员刘光将这些产品的优势都转换成了能给客户带来的利益，这些亮点当然会拨动客户的心弦，从而产生购买的欲望。

销售心经

对于客户来讲，他们心中的亮点当然是产品带来的好处。因此，销售员要懂得把客户关心的问题和产品的介绍巧妙地融合起来，将产品的优点有效地转化为产品能够为客户带来的利益，这样更容易博得客户对于产品的好感。

产品的卖点固然需要围绕客户的利益展开，不过，销售员在产品介绍时也不能忽视客户的需求，否则会适得其反。比如，在崇尚"实用"的客户面前对产品的"时尚和与众不同"过多渲染，就会大大降低客户购买产品的欲望；而在看重价格的客户面前就要多向客户介绍产品的性价比，让客户感觉到产品确实是物超所值。由此可见，让"卖点"变"亮点"的过程中，需要充分考虑客户需求这一重要因素，否则，即便这种产品的益处再大，也不能激发客户的购买兴趣。

另外，销售员在强调客户利益的过程中，必须保证自己的介绍实事求是，并且要表现出真诚的态度和足够的自信，这样才能有更好的感染力和说服力。

销售精英小贴士

为了更好地激发客户的购买欲望，销售员需要将产品的卖点有效地转化为产品能够为客户带来的利益。不过在转换的过程中，销售员需要实事求是、表现真诚。此外，还要针对客户的实际需求向其介绍产品所带来的利益。

巧妙提问，找到客户的关注点

销售箴言

客户的关注点是激发其购买欲望的重要所在。销售员要想找到客户的关注点，需巧妙提问，积极引导。

一天，一位医生家里同时来了三位客人，他们分别是艺术家、房地产商和老师。路上，他们经过了一条繁华的街道。到医生的家后，医生的小女儿请这三个人分别给她讲一个故事，而他们的故事各不相同。

艺术家的故事是："随意在繁闹的大街上徜徉着，脚下一片轻盈。抬头远看，一座座高楼拔地而起，空气传来一阵阵的喧闹声。熙来攘往的人群，像潮水，霓虹刺眼，灯光恍惚，亦幻亦真。"

房地产商讲的是："我在街上看见两个男孩子，他们在讨论着怎样挣钱。一个男孩说，他想开一个饭店，并把地址选在商铺林立的人口密集区。我觉得这个男孩很有经商头脑，将来一定能有大出息。"

老师的故事是："我看见一个男孩子放学之后直奔网吧，我觉得他的学校应该联合家长一起给他做一次思想教育工作。"

在三个人眼中，同一条街道却如此不同，这是为什么呢？因为他们的关注点各不相同。同样的道理，面对同样的产品，客户的注意力也是有选择的，可能有的人关注产品的质量，有的人关注产品的款式，有的人只关注产品的价格。因此，客户的关注点是产品卖点介绍的重要依据。

情境再现

客户："我都说了我很忙的，你怎么又来了呢？"

销售员："卫总，您看我人都来了，我们就聊聊吧，您放心，我不会耽误您太久的。经常听别人说您做事雷厉风行，今天一见，果然名不虚传啊！"

客户："这些都是别人瞎传的。一般人看到的只是我们厂子这两年的发展，可是要知道我这个厂长不是那么好当的。"

看见卫厂长面露难色，销售员知道自己销售的契机来了，于是，赶紧继续追问下去。

销售员："这么大的厂子管理起来一定不容易，您觉得最让您困扰的地方是什么？"

客户："这几年，虽然我们的厂子越办越大，销售额也节节攀升，但是我们投入的成本很高，再加上是老厂子，退休工人比较多，负担很大，所以……"

销售员："您的意思我了解。我来之前就在电话里和您提过，我们公司刚刚进的节能设备来自德国，每月能减少 20% 的用电量，我觉得这是一个帮您降低成本，缓解压力的最好方法。"

客户："以前也有人来推销过这个，据说节省的电量比贵公司的设备还多！但是我们都没有买，我觉得安装太麻烦了，而且未必就能真的为我节省那么大的成本，恐怕还抵不过买设备的钱呢。"

销售员："卫厂长，这个厂子之所以能够扭亏为盈很大程度上都是您的功劳。但是，现在厂子的规模大了，节能问题却没有得到有效的控制，您也知道现在的电费已经是原来的好几倍了。"

客户："嗯……确实如此……"

看见卫厂长的迟疑，销售员觉得他已经有所动摇了。

销售员："以前厂子规模比较小，用电量也比较小，使用节能设备也没省下多少电。但是现在厂子的用电量很大，每月节省 20%，您算算一年可以节省下多少成本？几年下来能节省多少？"

客户："嗯……是啊，这笔开销还真不小啊……"

销售员："而且现在政府都提倡节能减排，您也有不小的节能减排的任务压力吧？"

客户："你说得很对啊，要想完成节能减排的任务，我们得在年底的两个月停产才能做到。可是一方面我们厂面临很大的经济压力，停掉又不合适，搞得我现在头很大啊……"

销售员："所以，我觉得您不妨考虑考虑我们的设备，它可以帮您有效解决眼前的困局。"

客户："但愿如你如言，再给我详细地介绍下你们的设备吧！"

销售员："好的……"

情境分析

案例中的销售人员刚开始登门拜访，情况便不容乐观，可是他并没有放弃，而是通过赞美式的话语获得进一步交流的机会，然后通过"您觉得最让您困扰的地方是什么"的提问探明客户的关注点，最后根据"投入成本高"这个关注点大做文章，顺利地完成了销售。

销售心经

客户的关注点是一把钥匙，一把用来打开销售大门的钥匙，找到客户关注点的开关也就相当于找到了打开销售大门的钥匙。下面是打开客户关注点的几个提问方式。

1. 漫谈式提问

这种提问形式回答范围比较开阔，销售员可以多了解客户的一些基本情况，从中发现有价值的线索。

例如："您最近在忙些什么？"

"您觉得哪个牌子的产品比较好用？"

"贵公司的生意怎么样？"

2．引导式提问

引导式提问主要是为了诱导客户顺着销售员的思路行动，通过询问回答者一些预先设计好的问题，引起回答者进行某种反思。

例如："您觉得明年房价会涨到多少？"

3．探寻式提问

探寻式提问主要是为了寻找客户目前存在的问题，确定洽谈的主要方向。

例如："您对这件产品有什么样的看法？"

"您为什么对这件事感兴趣？"

"您对××厂家提供的服务是否满意？"

"与您的竞争对手相比，您觉得自己有哪些方面的优势？"

4．提示性提问

提示性提问主要是为了提示客户目前存在的问题可能会造成的损失或带来的危害。

例如："如果这个问题不尽早予以重视的话会怎么样？"

5．选择式提问

选择式提问可以限定客户的注意力，要求客户在限定范围内做出选择，让自己而不是让客户掌握主动权。

例如："如果要您选择一套房子的话，您是想要楼梯房还是电梯房呢？"

"如果要买衣服的话，您是喜欢运动型的还是时尚型的？"

6．确认性提问

确认性提问主要是为了对客户存在的问题进行确认，锁定需求目标，准备往产品上引导。

例如："您觉得我说的话有没有道理？"

"这个问题解决后更有助于贵公司工作效率的提高，对吗？"

销售精英小贴士

　　一名优秀的销售员，应该把客户的关注点作为产品推销的导向。而要想到客户的关注点，销售员又可以通过漫谈式、引导式、探寻式、提示式、选择式等提问方式加以引导。

多说胜过寡言，充分调动客户的想象力

销售箴言

　　开发客户的想象力，可以让其很好地体验产品带来的享受，从而激发购买的欲望。

　　在向客户介绍产品时，是否能够充分调动其想象力是非常重要的。激发客户的想象力，就是要促使他想象，让他觉得眼前的产品可以给他带来许多物超所值的东西，一旦拥有甚至会给他带来一个新的世界、新的生活。这种体验式的销售可以有效激发客户的购买欲望，加快其购买步伐。

情境再现

　　一家汽车 4S 店内，一对小夫妻正在认真地听销售员张浩介绍一辆家庭式轿车的相关情况。

　　张浩："您看的这辆车由于是旅行版的设计，它的后尾箱承载性很强，

再加上车长本身有 4.67 米，在翻折后座以后，可以获得一个非常大的后部空间。如果您在旅途时感到困乏，平躺下休息是绝对没有问题的。"

丈夫："但是……这车的油耗也很大。"

张浩："它的油耗的确是要比普通的小车高，但是如果不耗油，哪来的动力呀？您想，一家人兴高采烈地开车出去玩，遇到高坡时，如果别人的车都想雄鹰一样一闪而过，只有您家的车像蜗牛一样缓慢地爬着，或者遇到泥泞的路面车轮打滑上不去，那多破坏心情啊！有了这辆车，这些尴尬的问题都不会出现。"

丈夫："呵呵，你说得也有道理。"

张浩："没错，您再看这。这车还装配了一套高科技的音响系统，拥有 10 个扬声器，5.1 声道环绕立体声，将音乐与扬声器发挥到最佳效果。野餐时，把后尾箱打开，音响调到外置模式，边听音乐边享用午餐，多惬意啊！"

太太："嗯，的确很惬意呢！"

张浩："另外，这辆车的空调系统也很棒，驾驶室的出风口位置很好，而且坐在后排的人也可以控制风速和温度。如果您开车带父母出去，父母嫌空调冷，就可以自己调整温度和风速了。"

丈夫："嗯，这个设计的确很人性化。我觉得这辆车子不错，你说呢？"

太太："嗯，我也很喜欢。"

情境分析

案例中的销售员张浩就非常善于调动客户的想象力。他分别从平躺休息、走泥泞路、野餐等方面带领客户展开想象，进而论证了这俩轿车的空间、动力、音响等方面的优势。客户在想象中充分体验了产品满足需求的快感，于是打消了已有的一些顾虑，增加了购买的欲望。

销售心经

调动客户想象力，引起他们的联想、激发他们的购买欲望对于销售活动非常有利。但是销售员在使用这一策略时也需要注意一些相关事项。

1．符合客户的向往

所描绘的场景、营造的感受必须是客户向往的。若是客户对你描绘的场景无动于衷，自然无法拨动他们的心弦。而要想让客户沉醉其中，销售员就得学会察言观色，以窥其心的本事。一般来讲，客户的身份、年龄、性格决定了他们的爱好和动机，因此，销售员要根据这个营造场景。

2．随时观察客户的反应

销售不是一个人的独角戏，销售员需要经常观察客户的反应。如果客户随着你的描述表现出欣喜、兴奋的表情，说明客户的想象力被充分调动起来了，他们正陶醉于你所营造的梦幻场景中；相反，如果客户表现冷漠、不屑，或者没有在听你的描述，那说明描述没能引起客户的兴趣，此时，销售人员需要及时调整描述，以防客户因为无聊而产生厌烦心理。

3．描述时多用形容词

我们都知道形容词具有很好的渲染、修饰作用，如果在调动客户想象力的过程中较多地运用形容词，可以使你的描述更加形象、生动、吸引人。

4．描述不能偏离主题

有的时候，销售员在描述时由于太过于投入，导致描述的场景慢慢偏离了销售的主题，忘记了推销产品的目的。这种徒劳无功的想象力的调动没有任何意义，销售员一定要多加注意。

销售精英小贴士

　　销售员在充分激发客户想象力时，首先一定要充分考虑客户自身的身份、年龄、性格等，其次还要随时观察客户的反应，此外，还要注意不能偏离销售主题，这样才能达到激发客户购买欲望的目的。

巧用数据，让你的口才言而有据

销售箴言

　　数据是改变客户想法的重要武器，它可以帮助销售员建立客户购买的信心。

　　数据本身很枯燥，但它却是一份强而有力的产品证明。因此，在说服客户方面，数字具有不可超越的魔力。在客户看来，简单的数据远远比销售员反复强调产品的种种优势更有说服力。因此，销售人员要懂得将数据灵活地运用到产品介绍中，这样会有意想不到的效果。

情境再现

　　王海："您好，赵经理。我是××公司的王海。贵公司去年购买了我们的打印机，现在它的保修期限已经到了，不知道使用情况如何？"

赵经理："上个月你们来修过一次，现在没什么毛病。"

王海："那就好。我来拜访您是想告诉您，这个型号的打印机已经下线停产了，如果出问题的话，配件比较麻烦，所以提醒您在使用时尽量按照操作规程。不知道您的员工在使用时有没有看说明手册的习惯？"

赵经理："我没太注意这个，一定要按使用手册的说明来使用吗？"

王海："最好还是按照说明使用，不然会降低机器的使用寿命。"

赵经理："那现在新的打印机价格贵不贵？"

王海："这个要看购买的型号了，您现在使用的是 K5600 型号的，它的升级产品是 K9300。不过还要看看您使用的频率来决定型号。请问您每月大概打印多少张纸？"

赵经理："最近工作任务比较紧，打印的量也增加了，大概要打印10 000 张左右吧。"

王海："您使用的频次还是挺高的嘛！以您现在的使用量，我建议您卖一个升级产品吧。K9300 的建议使用量是一个月 13 000 张，而 K5600 只有8 000 张，您现在的使用频次已经大大超出它本身能承受的范围，这样继续下去会严重折损它的寿命。"

赵经理："那你给我留个电话吧，到时候我需要买的话联系你。"

王海："好的，这是我的名片。（递给了赵经理）您是老客户，如果现在购买的话能享受七折优惠。"

赵经理："优惠这么多呀！那好吧，我就买一台吧，免得打印机坏了，影响我们的工作，现在业务正忙呢！"

情境分析

运用准确、具体的数据说明问题，可以增强客户对产品的信赖。比如，案例中销售员王海提到的升级版的打印机，如果不把 13 000 张的使用量摆在客户的面前，他就无法直观具体地了解到原来新的打印机比旧打印机的使用量多了几乎一半。这个具体化的数字深深打动了客户的心，再加上旧打印机的超负荷运作以及销售员大力度的优惠，很快客户就坚定了购买的决心。

销售心经

销售员在使用数据说服客户的时候需要注意以下事项。

1. 数据就是对产品的性能、特点最好的说明，因此销售员在使用数据时简单明了即可，无须多费口舌。

2. 与其他产品对比时，数据更能显示出产品的优势。正如上述案例所示，新旧打印机一对比，新打印机的优势不言自明。

3. 切忌胡编乱造，所使用的数字必须真实、准确。在这个网络信息如此发达的时代，销售员永远不要低估客户判断事物和获取信息的能力。销售员如果使用的数据不够真实和准确，那么一旦让客户发现，势必会造成很严重的信任危机，日后即便是做再多的弥补也挽救不回公司的信誉损失。

4. 数字的使用也要坚持适度原则，因为数字本身比较枯燥，因此过多的数字会使客户感到枯燥和厌倦。销售员只需选取说明产品特征和优势的数据即可，没有说服意义的数据不必一一列举。

销售精英小贴士

简单的数字往往比一遍遍地说明更有说服力。因此销售员可以利用数据增强客户的购买欲望，不过在使用的过程中要实事求是、简单明了，切忌频繁使用。

注重语言精练，好口才不需要啰唆

销售箴言

简洁凝练的语言，有助于增进客户倾听的兴趣，喋喋不休的语言表述会降低客户的购买欲望。

某单位的处长，讲话比较啰唆。有一次召开职工大会，他上台发言，首先喝一口茶，看了大家一眼，然后不紧不慢地说："现在有的人开会讲话时有好多重复的内容。我说话就不重复，重复有什么用？但话说回来，该重复就重复，不该重复就不要重复了。这是因为重要的东西一定要重复，如果不重复，就有人不重视。所以说开会不要重复，光重复，这会还开不开。所以说，开会不要重复，啊，不要重复……"就这样，话还没讲到一半，底下的人全都睡着了。

这是一个由啰唆引发的笑话。其实，在我们的生活中，像该处长一样，说话颠三倒四、拖泥带水的大有人在。这样废话连篇的说话方式很容易引发别人的厌恶，降低谈话内容的好感度。所以，作为一名靠口才吃饭的销售员，应该坚决杜绝这样的情况发生，言简意赅、语言凝练的销售沟通技巧才能成功激发客户倾听的欲望，有利于销售活动顺利推进。

情境再现

小宋："您好，蒋先生。最近的投资项目收益好吗？"

蒋先生："还行，不过我现在打算重新投资一份理财项目，你能帮我推荐好点的项目吗？"

小宋："蒋先生，还赶巧了，您问得正是时候，我们公司刚推出了一款理财分红保险，您这位行家先了解一下，看看是否符合您的投资需求。"

蒋先生："好的，我看看。其实，我买保险理财产品就是看中它投资的风险比较小，买着稳妥踏实。"

小宋："那正好，这款保险的特点就是稳健。它是介于储蓄与股票之间的最佳投资方式。您知道，分红险不仅保本，还能分红，并且红利是按复利的形式计算的，复利的计算方法只会让您的财富像滚雪球一样，越来越大。"

蒋先生："这听起来确实很不错啊。"

小宋："只要您购买了我们公司的分红险，那么公司股东的位子就是您的了，到时候可以享受到公司的分红。同时您也不必身体力行地打理这款理财产品，不像炒股，需要亲力亲为，还各种不放心。我们公司的分红保险，是由专门的投资理财专家运作的，它能实现资产稳定增值。

蒋先生："那你们公司的这一款保险产品什么地方最吸引人？"

小宋："之所以很多人愿意购买这款保险产品就是因为，它能够确保在投资亏损时给您一年期的银行利率回报。假如投资收益超出一年期的利率，则超出部分的收益以您七我三的比例分配。您觉得这款投资产品适合您吗？"

蒋先生："小宋啊，谢谢您的讲解，我已经对它了解清楚了。"

小宋："蒋先生，那我们现在是不是可以针对计划书具体谈谈呢？"

蒋先生："好的，没问题。"

小宋："那好，我们打开计划书翻到第三页……"

情境分析

案例中，销售员用简洁精练的语言概括了该保险产品的基本特点：稳健。对于客户的关键要求以及产品带来的利益也做了简明扼要的回应，于是他获得了客户"谢谢您的讲解，我已经对它了解清楚了"的回答。假使案例中的小宋啰啰唆唆，说话拖泥带水，客户根本不会有继续沟通下去的兴趣，更别说产生什么购买的欲望。

销售心经

销售员在介绍产品时，切忌含糊不清，啰唆。产品的价格、功能、特点、优势等这些基本的信息点一定要介绍得简明扼要、简洁凝练，这样才能提升客户的好感，给其树立一个娴熟专业的良好形象。

但是在实际的销售过程中，很多销售新手往往会因为实践经验不足，或者心理素质不好，一紧张就前言不搭后语，语句不通、吐字不清、冗言赘述情况严重，结果好不容易把产品介绍了一大通，客户却不知所云。这样一来，销售员的专业程度受到质疑，客户也失去了倾听的耐心，从而错失一个大好的销售机会。

为了摆脱这样的销售窘境，建议销售新人在产品介绍前做好充分的准备，将产品的各个卖点和优势事先在脑海中提炼并且熟记，这样约谈客户时就会避免冗言赘述，词不达意的情况出现。

销售精英小贴士

为了有效激发客户的购买欲望，销售员在介绍产品时需用语凝练，切忌拖沓冗长、语无伦次。如果达不到这一专业要求，需事先做好"功课"，以勤补拙。

定位切入点，在言语中找出客户的潜在需求

销售箴言

客户的潜在需求是勾起其购买欲望的一大动因。因此，销售员需要定好切入点，在言语中找出客户的潜在需求。

客户的需求一般分为显性需求和潜在需求。客户的显性需求是指客户意识到，并有能力购买且准备购买的有效需求。而客户的潜在需求是指消费者虽然有明确意识的欲望，但由于种种原因还没有明确显示出来的需求。客户的这种潜在需求比较抽象，它或许只是客户的一种意识，这种意识很抽象、很模糊，因此需要销售人员用语言挖掘。

情境再现

　　黑马广告公司上个月从欢欢所在的公司购买了一台大型激光打印机。这天，公司派她去拜访这家公司的张总经理，顺便做一下客户回访。按照约定时间，欢欢准时来到了张总的办公室。

　　欢欢："张总，您好，我们的打印机使用效果怎么样？有什么需要及时向我们反馈。"

　　张总："还可以，目前还没有发现什么毛病。"

　　这时候，一个秘书走了进来，递给张总一份文件，张总看了一会儿，一脸不悦地说道："你看又打印错了！这么点小事都办不好，拿回去重打。"秘书连忙拿着文件出去了。

　　欢欢："您打印时经常会出现很多错误吗？"

　　张总："有一些，虽然不是很多，但还是没有达到我想要的效果。"

　　欢欢："您说比您想象的多，这是不是意味着这些错误在您把文件送到客户手中时给您造成一些麻烦？"

　　张总："这个不至于，我在把文件发送出去之前都会经过仔细核实。"

　　欢欢："这样一来，岂不是很影响工作的效率？"

　　张总："是的，但这也总比把带着错误的文件交给客户要好得多。"

　　欢欢："假如您不花费时间来校对，应该会干很多有实际意义的事情吧？"

　　张总："是啊，我早就想培训我办公室的职员了，但是忙得一直抽不出时间来。"

　　欢欢："这种培训可以提高办公效率吗？"

张总："当然可以。例如，新员工没有使用仪器的经验，所以我必须要抽出时间来教他们。"

欢欢："照您这么说的话，那用于校对的时间就成了您培训员工的阻碍，从而影响了他们的工作进度。"

张总："是的，我每天的工作量很大。"

欢欢："我看得出来，只有减少校对量，您才不会像现在这么累。也就是说，您现在非常希望有一种可以使文件错误减少的文字编辑器来帮助您，对吗？"

张总："是啊，非常希望。对于重复打印大家都十分无奈，文字编辑器的应用将意味着大大减少了重新打印的时间，大家当然很乐意使用了。"

欢欢："张总，其实不瞒您说，我们公司刚推出一款新的文字编辑器，效果很不错，您可以试试。"

张总："是吗？真的是雪中送炭啊。你回去后立马把这款产品的相关资料给我传过来。"

第二天，欢欢成功地向张总卖出了这款文字编辑器。

··

情境分析

案例中，销售员欢欢在回访的过程中，无意中发现黑马公司的一个潜在需求，那就是对经常出现打印错误的问题，他们急切地需要一个文字编辑器提高工作的效率。因此，欢欢发现了这个潜在的需求并通过挖掘，将它明确化，然后采取了一些语言上的技巧，通过慢慢引导和疏通，让客户意识到问题很严重，必须马上更正。接着她选择了一个适当的时机提出自己的产品，成功地激发了客户购买的欲望，最终完成了交易。

销售心经

客户对于如何实现自己的潜在需求，并不一定能够做出正确的选择，这就需要销售人员练就一双慧眼，能够及时发现客户的潜在需求。其实发现客户的潜在需求并不是一件困难的事情，只要选好切入点，并站在客户的角度上为他着想，就会知道他存在哪些方面的需求。以下是面对不同客户时，挖掘其潜在需求的方法和技巧。

1. 面对"给他人代买"的客户

这类"给他人代买"的客户看似自己没有购买的打算，但是并不代表其对产品没有需求，因此，销售员很有挖掘的必要。至于具体的挖掘方式，销售员可以巧妙地夸耀他的细心和爱心，并试探性地问他需要什么产品，在发掘出他的潜在需求后，顺势把客户的需求引导到自己的产品上来，并且让他亲自体验产品的好处，产生购买的欲望。

2. 面对"只买一件"的客户

有些客户在购买产品时，特别是一些男性，通常会毫不犹豫地选购自己当前最需要的产品，这类客户在买东西时有着很强的目的性。为了挖掘其潜在需求，销售员不妨使用配套效应，向客户推荐与该产品相配套的其他产品，抓住人们追求完美的心理，充分激发其购买的冲动。比如，有的客户到商场只打算买一件上衣，这时候，销售员就可以说："您买了这件上衣之后，有没有合适搭配的裤子，或者背心？如果没有的话，就穿不出最好的效果来。"这样，客户对裤子或者背心的潜在需求就会被慢慢挖掘出来。

3. 面对"随便看看"的客户

有的客户通常只是出于好奇心理想随意看看，原本并没有购买什么的打算，因此，没有很强的目的性。此时，销售员可以多发问，通过问题吸引客户的好奇心，挖掘他的潜在需求，当客户对销售员介绍的产品有所兴致，并表示欲一探究竟时，说明客户的潜在需求已经变成了明确需求。

一个好的销售员能够找准切入点，然后通过一些方法、技巧去引导和感染客户，把客户的潜在需求充分挖掘出来，然后根据其需求推荐适合的产品。

用知名的成交案例增强客户的认同感

销售箴言

知名成交是消除客户疑虑，增强其认同感的有效良方。销售员一定要懂得利用知名成交满足其求安全的心理。

在很多媒体平台上，我们经常会看到各式各样的明星代言广告，小到牙刷牙膏大到家用电器。为什么厂家在宣传自己的产品时会特别青睐明星呢？因为有明星代言的产品，受名人效应的影响，能得到社会广泛的认同。

毋庸置疑，"名人效应"在销售过程中起着很大的作用。如果销售员能够巧妙地运用知名的成交加以引导，则能对销售起到很大的促进作用，能够帮助客户打消购买顾虑，有效增强其对产品的认同感。

情境再现

A公司的王浩是经验丰富的销售高手。这回在与B公司的业务联系上，王浩又成功地利用知名的成交拿到一大笔订单。

王浩："刘总，您好，我是A公司的小王。"

刘总："你好，小王，来，坐下说话。"

王浩："谢谢。刘总，上回我们谈的订单的事，不知您考虑得怎么样了？"

刘总："那个事啊，不着急，我们还需要再考虑考虑。"

王浩："嗯，您说的有道理。这么大的订单，您确实需要时间慎重考虑。为了让您买得放心，这回我给您带来了点材料，让您看看。这是本市几家知名大公司对我们公司产品的一个使用反馈，刘总您见多识广，相信对这几家公司也早有耳闻。"

说着王浩就把事先准备好的几份数据和表格双手递给了刘总。刘总带上眼镜，仔细地看了起来。

刘总："看来你们和很多行业内的大公司保持良好的合作关系。"

王浩："是的，刘总，这个行业内几家知名的公司都是我们公司的贵宾，您要是有意向和我们合作，那我们也会非常高兴。"

刘总："看来你们公司的口碑还不错，很受大家欢迎，那这个单子咱们就定下吧。"

王浩："好的，刘总，您真是有眼光。"

情境分析

很明显，案例中的客户一开始对于王浩的产品持有怀疑和审视的态度。在得知王浩的公司与几个知名大公司有生意上的往来之后，一下子就打消了对产品的顾虑，转变了原来的看法，马上决定把单子签下了。由此可见，名人／名企的订单可以有效增强客户的认同感。

销售心经

为什么客户对知名成交深信不疑，一看到"名人"的光环就增加了购买的欲望呢？其实，这个不难理解。一个人在碰到自己无法确定的事情的时候，会相信知名客户的选择。为了保证产品的安全可靠，客户在购物时往往喜欢跟着"行家"走，以知名成交为榜样，这样他们觉得自己买的产品更放心，更有保障，不会白花钱。

不过销售员在利用"知名效应"的同时，一定要坚持实事求是的原则，不能脱离客观存在的事实，不可以凭空杜撰知名成交的事例，否则客户一旦察觉，就会彻底丧失对你的信任。

另外，"知名效应"只适应于那些自我意识较弱、没有主见、容易随波逐流的客户。如果销售员碰到那些喜欢思考或者追求个性、喜欢自我表现、标新立异的客户，不可轻易使用，否则这种从众反而会激发他们的逆反心理。

销售精英小贴士

在销售中，用"知名成交"说话更容易赢得客户的信任。销售员一定要充分利用好这柄利剑，充分调动客户购买的积极性，这样更容易提高销售的效率。

第六章

说到心坎里，牵着对方的鼻子走

《孙子兵法》中说："攻城为下，攻心为上。"好的口才需要把话说到客户的心坎里，这样才能使其内心发痒，对产品产生占有的欲望。销售员只有懂点心理学，才能在推销过程中获得主动权，使得自己在销售领域中立于不败之地。

不遗余力地言语劝诱，让客户的内心发痒

销售箴言

"用兵之道，攻心为上，攻城为下；心战为上，兵战为下。"销售员要想在推销过程中获得主动权，就得不遗余力地用言语劝诱，让客户的内心发痒。

三国时期，许攸居功自傲，出言挑衅，许褚怒而杀之，提其首级前来领罪。曹操见后假装大发雷霆，扬言要他抵命，吓得公子曹丕忙不迭为许褚说情，但曹操不为所动。谁料荀彧三言两语一出口，许褚的死罪就被免除了。为什么曹公子怎么求情都没用，荀彧一出马，曹操就买账呢？原因很简单，因为他的话正好说到曹操的心坎里。

要想成为一名优秀的销售人员，其实也要学会将话说到客户的心里去，让他的内心发痒，勾起其购买的需求，这样才能成功地把产品推销出去。不过要做到这一点，销售员就得善于从客户的角度出发，多考虑客户的心态和关注点，把话说到点子上。而那些业绩惨淡的销售人员，则不懂这些说话的艺术，不知道销售的切入点，因此说不到客户的心窝里，从而导致了失败。

另外，在销售的过程中，销售人员还要找到客户的需求，并把它与产品的优势结合起来，而转化为卖点，即"卖产品就是卖需求"。而了解、

发掘客户需求的过程其实也是一个"窥心"的过程。不过销售员在这个过程中，要把握好说话的火候，这样才能真正把话说到客户的"心窝里去"。

· ·

情境再现

在一次销售过程中，销售员刘同给客户推销了一件店里最新款的裙子，可是客户听后始终没有什么反应。

刘同："张女士，您觉得这件裙子怎么样？或者您还有什么想要了解的，都可以问我。"

客户："还好，没什么。"

"没什么？"刘同心里纳闷了，"既然没什么不满意的，为什么会对我的介绍这么冷淡？"

客户："就是感觉这件裙子根本不是我要的风格，你也不问问想要什么样的，一进店就劈里啪啦说一大堆。"

刘同："实在对不起，是我太大意了，忘了问您想要哪种款式的裙子。"

· ·

情境分析

从上述案例中可以看出，要想和客户实现心灵的沟通，首先得考虑客户的内心需求，如果销售员连客户要什么都不知道，怎么能把话说到客户的心里去？更别提让其内心"发痒"，产生购买的欲望。

销售心经

为了让客户的内心"发痒"，销售人员不妨采用以下语言诱导技巧。

1. 让自己对销售的产品产生兴趣

销售人员要想打动和说服客户进行购买行为，说话的方式方法非常关键，好的销售沟通技巧可以让客户看到产品的特征能够满足他某些方面的需求，并且使其对产品产生浓厚的兴趣。而只有销售人员对产品有浓厚的兴趣，并且在销售过程中表现出来，让客户感受到你对自己所销售产品的自信、热情，客户才会通过销售人员对产品的推荐信息做出自己的积极评价。如果销售人员对自己推销的产品都没有信心和底气，又怎么能感染和说服客户，使他们树立购买的信心呢？

2. 让产品解决客户的实际问题

客户购买的并不是产品，而是产品的使用价值，因此销售员在介绍产品时，多想想产品可以给客户解决什么样的问题。海尔集团首席执行官张瑞敏曾说过："客户真是想要海尔冰箱吗？显然不是，他们真正需要的是能够贮藏和保鲜的电器。"由此可见，产品的使用价值才是吸引客户眼球，建立客户购买决心的关键所在。因此，销售员的"挠心"行动应该从强调产品能够给客户带来哪些好处开始。

3. 让自己换位思考，扮演客户的角色

有些销售人员在与客户沟通时只说他自己觉得重要的事，完全不在乎客户的感受与认同度如何，这是非常错误的做法。如果让你易地而处，碰到一位自说自话、我行我素的销售员，一定也不会对他所推销的产品感兴趣吧？因此，销售人员要懂得推己及人，将心比心，换位思考，把自己当作客户，并且将客户的背景、个性等考虑在内，然后开始思考，推断客户喜欢的方式、内心的所思所想，最后找出客户关心的焦点。这样才能把话说到客户的心坎里去，从而使得其产生购买的冲动。

销售精英小贴士

　　要想让客户内心"发痒"，销售员首先得用自己对产品的兴趣感染和说服客户，其次还要着重强调客户关注的使用价值，最后把自己想象成客户，换位思考，从而为成功激发客户购买欲望做好准备。

舌绽莲花，引导客户的购买需求

销售箴言

　　要想掌握销售的主动权，销售员首先需要用口才引导客户的购买需求。

　　客户的购买需要对交易的成败起着非常关键的作用，没有强烈购买意图的人是不会对产品动心的，因此，销售员需要用口才引导客户的购买需求。一般来讲，大部分的客户总是以不需要为理由来拒绝销售员的推销。此时，销售员千万不要信以为真，转头就走。他们并不是没有购买需求，只是缺乏引导。销售员只要妙语连珠、巧妙引导，一定能将他们的购买需求实现由无到有的转变。

情境再现

　　李林是一家网络电商的客服人员，只要问询她的客户，她的转化率基本达到 50% 以上。

这天，有一位女士浏览了网站的一款水机滤芯，询问了价格后说："我家公公说太贵了，不换了。"

李林听后并没有解释贵的理由，而是问："请问您家水机用了多久？"这样就转移了话题。

客户："买了两年了，看起来都旧了。"

李林听后表示惊讶，因为水机最重要的就是滤芯。

随后李林说："其实外观旧不旧倒关系不大，水机最重要的部分是滤芯，如果您家两年都没换过了，建议您这台价值几千块的水机别用了，滤芯长时间不更换出来的水比自来水更脏，我给您发点资料您看一下吧。既然您当初花了几千块买了水机，相信您对水污染还是有一定的了解。"

随后李林截图发了一组数据，标题是：你家自来水能喝吗？

里面的数据显示：人类 80% 的疾病和 50% 的儿童死亡和饮用不良水质有关。

然后李林接着说："老人家不懂的常识，相信您能懂。人体 70% 以上都是水，水喝好了，身体自然就好了，老人家说不换，但老人家是否健康所承担的责任是我们晚辈来负责的。几千块的水机只花几百块就可以搞定，否则几千块就浪费了，关键还满足一家人的安全用水。"

客户听了后，马上决定要更换，而且还让李林以后提醒她每年更换。

完成订单后，李林称赞客户说："您一定是一位非常孝顺的人。虽然钱不多。但很多媳妇听到公公说不换，她会顺势而下，能不花就不花这个钱。孝顺的人都会很幸运。您一定是位幸福的人，祝您生活愉快！"

客户也连声说谢谢。

情境分析

案例当中的李林是一个善于掌控大局的优秀销售员，她通过一系列有目的性的提问与权威性的数据、图片资料——"请问您家水机用了多久？""你家自来水能喝吗？""人类 80% 的疾病和 50% 的儿童死亡和饮用不良水质有关。"——抛砖引玉，逐渐将客户的购买需求一一引导出来。

销售心经

对于销售人员来说，好的口才不仅能愉悦谈话的氛围，而且能将客户的购买需求充分引导出来，获得有助于销售的信息，甚至毫不夸张地说，一笔生意很可能会因为自己舌绽莲花的魅力表现就成交了。

销售人员要想通过口才的作用，引导客户的购买需求，可以参考以下 4 个技巧。

1. 询问客户关心的事情

销售人员只有将客户所关心的产品要点询问出来，才能在此基础之上推断出客户的购买需求，进而有的放矢地进行沟通，打动客户的心，促成交易。

2. 引导性提问

销售人员提问虽然没有固定的模式，但有一点，一定要遵守，那就是提问必须围绕产品展开，主动引导客户向着自己的需求逐层深入，以此将产品和客户的需求点相结合。

3. 引导时要先易后难

在引导客户购买需求的过程中，最好遵循先易后难的原则，把容易的问题放在前面，困难、敏感的问题放在最后询问。有的客户一开始喜欢关注价格的问题，销售人员可以这样说："您放心，我们会给您最大限度的优惠。您先看看您喜欢不喜欢我们的产品。如果您不喜欢，价格再便宜也没有价值，您说呢？"

4. 要避免连续发问

销售人员在向客户提问时，要时刻关注客户的表情变化，把握好节奏。如果连续问出三个以上的问题，很容易让客户有一种受审的错觉，从而产生反感的情绪，甚至最终导致其拒绝回答问题。因此，销售员在引导的过程中不仅要注意提问的频次，更要注意提问的语气。

销售精英小贴士

优秀的销售人员能够舌绽莲花，通过有技巧的提问，引导出客户的购物需求，从而保证顺利成交。

正话反说，让客户产生对产品的占有欲

销售箴言

正话反说是一种说话的技巧。如果使用得当，可以增强客户购买的欲望。

五代十国时期，后唐庄宗爱好打猎。一天，他带领大队人马来到某县围猎，不料慌乱间踩踏了农田。县令闻讯赶来，拦马劝谏。庄宗玩兴正浓，被扫了兴致之后，勃然大怒，斥责县令。县令吓得抱头逃窜。

这时，一个叫敬新磨的优伶，率领人马将其追回，挢袖摩拳地痛骂道：

"身为县令，你不知道我们的圣上喜欢打猎吗？你为什么要纵容百姓种田有碍天子打猎呢？你不应该让百姓们饿死，腾出田地，以供皇上驰骋狩猎吗？你真的罪该万死！"庄宗听了敬新磨的巧妙谏言，意识到自己的错误，不但没有责罚县令，反而赏赐了他。

这个正直而机智的敬新磨用正话反说的语言效果，保全了皇帝的面子，挽救了真心爱民的好官。作为一个销售员，也应该懂得把这样的语言艺术融入产品销售中。巧说反话不仅能巧妙而迂回地表达出自己的意思，更能有效地化解客户的抗拒，让客户自己提出内心的需求，使销售员占据交谈的主动权。

情境再现

一位老板有换车的打算，很多销售员得知这一情况后，纷纷登门拜访，以便推销出自己的汽车，下面是几个销售员和这位老板的对话：

销售员小张："您的这辆车车龄太久了，发生交通事故的概率很大。"

老板："好端端的，你干吗咒我出意外啊？"

销售员小李："您的这种车修理费太高了，还不如换一辆？"

老板："修理费再贵也不及买一辆新车花的钱多吧。"

销售员小王："我是来看看您车的，我觉得您的车还可以开一段时间，并没有到了非换不可的地步。"

老板："是吗？"

销售员小王："是啊，至少它现在开着还没有什么问题，您可以过一段时间再来啊。"

老板:"我觉得我的车已经很旧了,现在就想换了,要不你帮我推荐一款。"

· ·

情境分析

前面两个销售员都是从贬低旧车的角度说服客户,容易出事故、维修费用高等,这样说很容易引起客户的反感。没有人愿意别人说自己的东西不好,虽然是一辆旧车,但毕竟开了很长时间,有了一定的感情,这样被销售员贬低,自然心里会不舒服。

销售心经

正话反说,先扬后贬,是销售中非常重要的一种技巧。它可以激发那些潜在客户的购买行为。因为在客户的意识里,销售员的到来就要推销自己的产品,这样客户多多少少会有一些排除和抗拒心理,而当销售员反其道而行之,告诉客户先不要买自己的产品,反而激起了客户的好奇心,使其产生非买不可的欲望。这样一来,客户的行为正中销售员下怀。

1. 利用其逆反心理

销售员:"××女士,我知道您没有兴趣听我讲这个。"

客户:"是吗?"

销售员:"既然你不想听,那咱们就换个话题。"

客户:"不,你这么说,我还非要听一听。"

逆反心理是客户常见的一种心理,它在销售谈判中的主要表现就是不停地反对销售员,销售员说好,他偏说不好,销售员越让他买他越不买。逆反心理既是销售的阻力,也可以变成销售的助力。销售员只需正话反说,就会激发客户的好奇心理，最后达到迂回攻心的目的。

2．激将法的运用

销售员："张姐，不知道你听说了没有，隔壁的王姐上个月买了一份十万的保单，但是听说您现在还不敢做这个决定。"

客户："谁在那儿胡说八道的？你看我们家这条件，像是买不起保险的吗？"

销售员："那她们一定是误会您，您家庭条件这么好，还拿不出一点买保险的钱吗？"

客户："就是嘛！你先让我看看你的产品。"

谁也不希望被别人看不起，尤其是那些喜欢炫耀的客户。对此，销售员不妨用正话反说的方式，刺激一下客户，更能唤起他们内心不甘示弱的欲望，也就曲折地实现了自己的销售目的。

3．以退为进

销售员："×× 先生，既然您没有做好决定，那我明天就带其他客户看房了。"

客户："等一下。"

销售员："我是想给您留足够的时间思考这件事。"

客户："算了，不考虑了，这房子就定下来吧。"

很多客户其实对你的产品很感兴趣，但是可能对产品的质量或者价钱还有疑问，下不了这个决心。这时，销售员不可急于求成，不妨假装放弃推销，客户害怕自己错失良机，反而会挽留这次交易的机会。

正话反说的语言技巧可以通过逆反心理、激将法、以退为进三种方式体现出来。销售员要练熟这些营销技能，将客户的购买欲望充分激发出来。

增强言语维度，找出双方共赢点

销售箴言

共赢是双方持续合作的重要前提和基础。销售员要善于找到与客户的共赢点，实现双赢的结局。

有一个人做梦梦见自己走进一间二层楼的小屋子。走进第一层时，他发现有一张长长的桌子，桌子上摆满了各种美味的饭菜，但是桌子周围坐的人都被施了魔咒，手臂不能弯曲，所以大家只能眼巴巴地望着一大桌子的美味干着急。出于好奇，这个人又来到了二楼，同样的状况，这里的人却吃得兴高采烈，原来虽然大家的手臂不能弯曲，但是因为对面的人彼此协助，互相夹菜喂食，因此大家都能大快朵颐。

这个小故事虽然虚幻，但是却能说明一个问题：彼此互助，兼顾对方的利益，实现双赢是一件非常重要的事情。其实在销售领域，何尝不需要这样的双赢理念？销售员和客户只有在交易的过程中，都得到好处，才能保持双方持续性的合作，进而实现各自长远的利益。

情境再现

乔·吉拉德，被誉为"世界最伟大的销售员"。别看他后来声名显赫，业绩斐然，然而刚开始做汽车销售时，也是磕磕绊绊，并不尽如人意。眼看着一个月的试用期马上就要结束了，但是他一部车也没有卖出去。最后一天快下班的时候，老板准备将他辞掉。他坚持说，还不到晚上12点，自己还有机会。

于是，他坐在店里继续等。午夜时分，店里来了一位卖锅者，身上挂满了锅，冻得浑身发抖。卖锅者看见乔·吉拉德，就向他推销起了自己的锅。乔·吉拉德看到这个家伙比自己还落魄，就心生怜悯，请他坐到自己的店里来取暖，并递上热咖啡。两人开始聊起天来，乔·吉拉德就问他，"如果我买了你的锅，你下面有什么打算？"卖锅者说，"继续赶路，接着卖剩下的。"乔·吉拉德又问，"全部卖完以后呢？"卖锅者说，"家里还有几十口，背出来继续卖。"乔·吉拉德继续问，"如果你想使自己的锅越卖越远，越卖越多，你该怎么办？"卖锅者说，"那就得考虑买部车，可是我现在没有钱……"两人越聊越起劲，最后，乔·吉拉德说服卖锅者在他这里预定一辆车，提货时间是5个月以后，订金是一口锅的钱。

因为有了这张订单，乔·吉拉德获得继续工作的机会。他一边卖车，一边帮助卖锅者寻找市场，卖锅者生意越做越大，3个月以后，将预定的车提前取走。乔·吉拉德从那以后更加信心十足，相信自己一定能找到更多的客户。同时，从第一份订单中，他也悟到了一个道理，推销是一门双赢的艺术。在这种销售理念的指引下，15年间，他卖了一万多部汽车，成为名副其实的销售高手。

情境分析

从这个案例中我们可以看出，双赢是乔·吉拉德卖出第一辆车的关键所在。倘若他碰到冷得瑟瑟发抖的卖锅者，只是一味地推销自己的汽车，想必卖锅者绝对不会考虑预订汽车的事情。只有乔·吉拉德提出互利协作，让双方都有利可图时，才为汽车销售提供了可能。而事实也证明，正是由于受这种共赢的理念影响，使其一步步迈向了世界著名销售员的位置。

销售心经

其实销售员和客户之间的冲突是必然存在的。客户希望花最少的钱买最多的东西，而销售员则希望用最少的东西换来最多的钱。而要想化解这一利益冲突，实现持久合作，销售员最好保证两者的双赢。

双赢会带来客户重复的购买，会带来客户的口碑，会带来转介绍的一些新客户的购买。双赢意味着销售不是一次性的，而是持续性的，它应该立足于客户的长期价值和整体价值。那么销售员怎样才能实现自己与客户之间的双赢呢？以下是一些参考技巧。

1. 给客户一些实惠

爱占便宜是人的一种特性。每个人都希望买到物美价廉的产品。所以在销售中，不妨适当地让利于客户，这样得到实惠，占到小便宜的他们会越买越开心，越买越多，销售员赚到的也会越来越多，因此双方就会实现双赢。

例如，在商场里，一件衣服要 400 元钱（实际价值 150 元），销售员心里底价是 250 元，但是客户却坚持砍价"对半分"的原则，只出 200 元钱。最后销售员很爽快地答应了。为什么双方能够成交，就是因为实现共赢。客户感觉少出了 50 元钱，占了便宜，心里非常高兴，而销售员其实也从中赚取了 50 元的利润，因此也乐在其中。

2. 要从客户的角度考虑问题

要想从客户那里赚到钱，销售员一定要懂得体察客户的心理，时时站在客户的立场上，设身处地地为客户着想，先把自己想象成客户，然后再考量考量这个产品质量怎么样，价格是否公道，如果购买了这个产品会给自己带来哪些好处。只有产品对自己有足够的吸引力，才能对得起客户掏的钱。同样客户也会乐意为这个物超所值的产品埋单。从这个角度来看，从客户的角度出发考虑问题可以为实现共赢创造可能。

销售精英小贴士

销售员要想与客户实现共赢，需要首先主动让利于客户，其次多站在客户的角度上思考问题，这样才能有利于双方的成交，有利于达成共赢的目的。

制造紧迫感，促使客户尽早做出购买决定

销售箴言

制造适度的紧迫感，可以促使客户尽早做出购买的决定，加速销售的进程。

湍急的流水可以将巨大的石头冲走，高飞的鸷鸟猛冲可以捕杀鸟兽，这一切都是因为短促迅猛的攻击节奏造成的。因此，销售员也要懂得在客户犹豫徘徊时，制造一种紧迫感，给客户一个向前的推力。

情境再现

销售员："王先生，这房子真不错，您也是找了3个多月才碰到各方面都比较满意的房子！"

客户："我还是想和家人商量商量再做决定。"

销售员："王先生，这样优质的房源已经不多见了，所以想买的大有人在。您也许还不知道，业主委托我们一挂牌，就有很多客户上门咨询，明天我的一个同事就约了六对夫妻一起看房。您是运气好，赶在他们前面了，我担心您这一犹豫，房子就被别人抢先买下了。"

客户："可是我还想再听听家里人的看法。"

销售员："我知道买房是一件大事，您慎重考虑没有错，但我还是建议您早做决定。这个房子的信息输入电脑销售系统后，不光我知道有这样一套房屋在出售，其他同事也可以在系统里查到此房出售的信息，甚至其他分行的同事也可以看到，我就担心您下手慢的话，被别的同事卖出去了。"

客户："你们的房子既然这么抢手，那我赶紧跟老婆商量商量，最迟今晚给你一个答复好不好？"

销售员："好房不等人。这样吧，您现在赶紧和爱人通个电话，把情况跟她人说一下，如果错过了这房子，您和家人肯定会遗憾的。"

情境分析

面对客户的犹豫，销售员有意告诉他"明天六对夫妻一起看房"的事实。此外，销售员还故意告诉客户这个房子宣传面很广，从而给其营造了一种很畅销的假象。这些举动无疑像一服催化剂，给客户制造了一种紧迫感。在这种"畅销势头"的影响下，客户即便和家人商量之后，反悔的可能性也不太大。

销售心经

客户之所以会犹豫不决，在很大程度上是因为"还有"意识在作怪，他们觉得自己还有机会购买、时间挑选，还有希望降价……要想改变这样的情况，促使其快速成交，销售员可适当地制造一些紧迫感。

1. 在涨价之前购买

在销售活动中，价格是不断变化的，所以应该利用涨价给客户制造一种紧张感，以加快其购买的步伐。比如，"我们的这个优惠活动仅持续3天，今天是最后一天，明天就按原价出售了。"当然，说话之前，销售员必须保证活动的真实有效性，不能搞欺诈炒作。

2. 竞价出售

在拍卖会上，我们常常会看到，拍卖品一出现，买方就会以"一山更比一山高"的态势哄抢。从销售员的角度看，这是一种制造紧迫感的理想方式，因为客户们被迫做出迅速的购买决定。如果销售员仔细研究过专业拍卖师的催促话语，就会明白客户必须做出迅速的反应，这一切都是瞬间完成的。

例如，一位房地产销售员手上有一处房源，并且该房有足够多的优势吸引购房者的眼球，这时他就可以发动一场竞标大战。具体的做法是，在推销的前两天，他带10位客户去看房，并通知他们说，他们可以用24小时的时间递交投标书。销售员然后再设定一个底价，等待竞标开始，最后出价最高者可以获得该房的所有权。

3. 营造产品稀缺性

俗话说:"物以稀为贵。"垄断性产品或稀缺性的产品可以制造出紧迫感。譬如,房地产销售员可以告诉客户这处房子的房东资金紧缺,急需用钱,无奈便宜出售。由于性价比很高,所以很多人都有购买的意愿。这样一来,客户一定会有竞争压力,从而加快购买的决定!

❓ 销售精英小贴士

制造紧迫感,有三大技巧:限时优惠、竞价出售、营造产品稀缺性。销售员可通过这三种方式加速客户购买的进度,从而提高销售的效率。

欲擒故纵,用你的口才演绎"空城计"

🏃 销售箴言

销售员要想在谈判中始终占据支配地位,关键要掌握好一拉一放的节奏,充分运用好欲擒故纵的销售策略。

古时候,有一户人家,平常日子过得还算富足,唯一让主人头痛的是家里闹鼠害。这些老鼠每到晚上就出来偷吃粮食,上蹿下跳,叮当作响,闹得主人不得安宁。为此,他想了很多灭鼠的方法,但都没有什么效果。经过很长时间的观察,主人发现老鼠最喜欢吃的还是他们家的小米,于是冥思苦想出一条灭鼠妙计。

一天，主人在米缸里装了足足半缸的小米，而且故意将米缸上的盖子揭开。到了晚上，不出主人所料，一只老鼠跳进米缸，美美饱餐了一顿以后，还呼朋引伴，将其他的老鼠也召集起来，心满意足地享受了一番。

看到老鼠已经上钩，主人第二天将米缸的小米全部撤走，然后在缸里装了一大半的水，接着在水上铺了一层厚厚的米糠。到了晚上，老鼠们闻着散发着香味的米糠，纷纷跳进了米缸。这时，早已等候一旁的主人，听到动静，将水里苦苦挣扎的老鼠一举歼灭。从此，他家再也没有老鼠的困扰。

小故事蕴含大哲理。欲擒故纵，以退为进，故事中的主人深得其道。其实销售员在与客户沟通时，也不妨以"纵"的方法，顺利地达成"擒"的目的。

情境再现

某年，某市市长与沙特阿拉伯某大企业的销售代表进行了一场大型的谈判，双方耗时数月之久，耗资亦达几万元。虽然达成了一些初步协议，但在销售进入关键时刻，沙特方面派出一名谈判代表，将之前协商好的结果全部推倒，要求从头开始。当时双方剑拔弩张，互不相让，谈判陷入僵局。

该市市长经过一番缜密思考后，突然拍案而起，说道："看来再耗下去已经没有任何意义。既然贵公司全盘否定以前的协议，我们也只好就此作罢，另谋他法，先走一步。"说完，他带着随行人员撤出销售席。

市长秘书有些担忧地问道："我们是否急躁了？"市长笑了笑让他安心地在下榻的地方等好消息。果然不出所料，半小时后，沙特代表即同意做出让步，并且同意签署相关的协议。

情境分析

在上述这个案例中，这位市长就是在深思熟虑的前提下运用了欲擒故纵的方法，使对方被迫妥协。由此可见，在销售过程中，适当运用以退为进的营销策略，可以打破双方的僵局，有利于加快销售的进程，起到意想不到的效果。

销售心经

欲擒故纵法就是先故意放慢速度或先冷淡对方片刻，再激起对方兴趣，从而促成交易的方法，因此，欲擒故纵法又称为冷淡成交法。销售员在使用这种方法的时候，不可表现出急于成交的样子，而是抓住对方的需求心理，先摆出相应的事实条件，表现出"条件不够，不强求成交"的宽松心态。这样客户反而会担心错失成交良机而主动"投怀送抱"。

要想让欲擒故纵法真正发挥它的作用，销售员需要注意几下几点。

第一，运用挑衅引起客户的重视

优秀的销售员从不在客户的面前表现得唯唯诺诺，有的时候还会主动"挑衅"一下，以引起客户的注意。例如，"孙经理，我们厂只和有实力的公司打交道，不知道贵公司够不够资格……"

第二，待客户态度转变时，打消其对价格的顾虑，然后佐以恰当的言行举止，这样使用欲擒故纵之法才能达到理想的效果。

通常，客户在做出某项决定时，难免会再三考虑，尤其涉及钱的问题时，更是犹豫不决。这时就需要销售员给其提供充足的信息。对于高价的东西，销售员应尽量殷勤地向客户解说，让他觉得你"以客为尊"，他理应受到这种服务。之后再运用欲擒故纵法，让其自己做决定。例如，"王经理，您再好好考虑考虑吧，我在隔壁的办公室，如果有什么事情随时叫我。"

但是还需要注意，欲擒故纵的前提条件是，销售员确认双方还存在共识，并且主动权在自己手里，否则绝不能轻易纵敌。并且销售员在使用这种方法的时候，一定要将语言和情感、神态、动作、语调等配合好。客户对你巧妙语言的接受程度，取决于对你表达的感知与理解的深浅。你态度越诚恳，表达越明晰、越确切、越执着、越有诱惑力，客户对你和你的产品的理解就越深。

此外，销售员还可以利用人们对共同点具有的认同心理，以客户的利益为出发点，使其感觉到你在为他着想，以便建立客户对自己的信任。

？销售精英小贴士

欲擒故纵是销售员掌控主动权的一大法宝，不过大家在使用的时候一定要注意方式方法，以保证其发挥最大的作用。

循序渐进，让客户保持"肯定思维"

销售箴言

顶级的销售高手懂得步步为营，稳扎稳打，不知不觉中利用客户的"肯定思维"将其套牢。

世界著名销售大师托德·邓肯在销售时，非常善于利用客户的"肯定思维"促成交易。当他问过五六个问题，客户都给予肯定的回答，于是他会继续提出其他关于购买方面的问题，客户仍然会点头，这个惯性一直保持到成交。

一个球将其投掷出去，它在惯性的影响下会继续向前滑行一段距离。同样的道理，一开始就让客户回答"是"的问题，他慢慢地就会在肯定思维的影响下，答应最终的成交请求。这在心理学上解释为惯性化的心理使然。反之，如果一开始就让客户说"不"，则非常不利于销售。一旦一个人拒绝了销售员某方面的要求，出于自尊心，他会"负隅反抗到底"。虽然他有可能意识到自己正在错失一次成交的良机，然而却不会轻易改变原来的态度。所以，一开始使客户采取肯定的思维极为重要。

很多刚入行的销售员在初见客户的时候往往拿捏不好提问的技巧，一上来就提："您对某某产品感兴趣吗""想不想体验一下我们的服务"之类的问题，面对这样的问题，客户出于自我保护的本能，自然会给予否定的答案，这样后面的交谈就无法继续进行下去了。

优秀的销售员往往能将令客户产生顾虑的问题统统过滤掉，不给客户说"不"的机会。在谈话之初，就让客户保持"肯定思维"，这样客户会一直在惯性思维的影响下，顺利地完成交易。

· ·

情境再现

詹姆斯·艾伯森是纽约一家储蓄所的销售员。一次，一个人来到储蓄所要开个户，艾伯森照例让他填一些表。可是，这位先生面对艾伯森的要求，一脸的不耐烦，有些烦琐的问题，他觉得根本没有填写的必要。

以往这种情况，艾伯森通常会按照储蓄所的规定强行要求客户填写，但是，今天他打算换一种做法，从客户的需求着手解决。

"先生，是的，你拒绝填写的那些资料，其实跟您开户也没有多大的关系。"艾伯森笑着对客户说。

"我就说嘛，没必要搞得那么麻烦。"客户自鸣得意地说道。

"但是，"艾伯森接着说道："你把钱存在银行，假如有一天，你本人发生什么意外情况，肯定希望将这笔钱转给你的妻儿老小？"

"那当然。"客户回答道。

"难道你不认为，"艾伯森继续说道，"将你最亲近的亲属告诉我们，使我们在你有事的情况下能够准确无误地实现您的愿望，这是一个好的办法吗？"

客户又说："是的。"

当这个客户知道了银行是为了他好之后，马上配合艾伯森把相关的信息全部补充完整。

情境分析

从这个案例中我们可以看到，这位客户一开始对于艾伯森的要求非常抗拒。而艾伯森一改往日"霸王硬上弓"的做法，从客户的需求出发，巧妙地提出一系列让客户回答"是"的问题，一步步地让客户认识到填写相关信息的必要性，再加上前面肯定思维的影响，客户最终接受了艾伯森的要求。

销售心经

销售员怎样循序渐进，充分利用客户的"肯定思维"？以下是一些相关的参考技巧。

1. 与客户交谈的语言要同步

要想得到客户肯定的回答，销售员首先要与其语言保持高度的一致，如果客户感觉与你交谈有分歧，当然下面就会说"不"了。那么如何与客户实现语言同步呢？首先就是要准确掌握客户说话的语意，然后顺着客户讲话的意思，模仿其语言特点，表达自己的观点，这样容易引起客户的共鸣。

比如，客户提到"这件衣服的款式很时尚……"，销售员就可以使用"它采用……的先进设计理念"找到共同的语言，使谈话能在良好的氛围中继续下去。

2. 与客户的行为动作要同步

销售员要想利用客户的"肯定思维"，就必须学会用客户的表征系统来沟通，然后有力地传达自己的信息，减少对方说"不"的机会。客户的表征系统主要分为视觉表征、听觉表征、感觉表征等。例如，客户在说话时，总是会习惯性的双手交叉，那么销售员也要在交谈中刻意地模仿这一动作，在共同的表征中，可以造成共同或相似的心境，增强客户的认同感。

3. 多向客户提出一些封闭式的问题

封闭式提问是指提出答案有唯一性，范围较小，有限制的问题。与开放式问题相比，它更能得到肯定的答案。比如，"你想要小排量的还是大排量的汽车？"这种提前设定框架的问题，客户只能回答"小排量"或者"大排量"。相反，如果销售员使用开放式提问，"你想买汽车吗？"客户很可能会说："不，我暂时还没有这个打算。"所以，销售员在销售的过程中，要尽量运用封闭式问题来把握交谈的方向和内容，让"肯定思维"引导着双方朝着良性的方向发展。

？销售精英小贴士

　　销售员要想利用客户的"肯定思维"促成交易，不妨先与客户的语言和肢体同步。此外，封闭性的问题也可以获得客户肯定的回答，从而有利于交易顺利达成。

第七章

把说服的话说到位，客户的拒绝才能变成你的机会

化解客户的拒绝是销售的重点，也是难点。面对客户一个一个的"不"，销售员首先要保持良好的心态，其次还要做好化解的准备，再次还要准确辨识客户的真假异议，并且能找到处理异议的好办法，这样才能顺利地把销售危机转换为销售契机。

客户的拒绝发生前就应该做好化解准备

销售箴言

"临时抱佛脚，事情易办糟。"销售员在客户拒绝之前应该做好化解的准备。

销售员不要害怕被客户拒绝，要知道没有拒绝就没有销售。最重要的是，销售员在心态上要做好准备，"不打无准备之仗"是销售员化解客户拒绝应遵循的一个基本原则。销售员在走出公司大门之前应该将客户可能会提出的各种拒绝列出来，然后考虑一个完善的答复。只有做好了这些准备，面对客户的拒绝时才有可能不慌不忙，从容应对，给客户一个圆满的解答。

情境再现

张梅是某商场一家服装店的销售员。一天，店里来了一位皮肤白皙，穿着素雅的漂亮姑娘。这位姑娘看着看着就将目光停留在了一款天蓝色的连衣裙上，她拿衣服前后仔细端详一遍，满意地点点头，随后又将同款式不同颜色的衣服大致浏览了一遍，然后皱了皱眉头，好像很喜欢，但又在犹豫不决。

看着姑娘的表现,张梅猜测可能衣服的颜色不太称她的心意,但是她觉得这仍然是一个成交的机会,于是热情地说道:"这位美女,你的皮肤白里透红,很容易搭配衣服。从色彩搭配上来看,尤其是以明快的黄蓝色为宜。其中天蓝色和柠檬色更应该为首选。我觉得你穿上这件连衣裙效果一定会很好,因为它与你的气质和肤色非常相配。"

"可是这件衣服颜色这么亮,真的适合我吗?"姑娘担心地问道。

"按照我多年的经验,我觉得你穿上这件衣服一定会让人眼前一亮。要不你试试?不合适,我们还可以挑选别的。"

果不其然,从试衣间里走出来的客户对试穿效果非常满意,随后痛快地做出了购买的决定。

情境分析

案例中的客户一开始很明显对于衣服的颜色不太满意。为了防止客户拒绝购买,销售员提前给她打了一个"预防针",首先,在客户提出拒绝之前,用色彩搭配学告诉客户这件衣服与其气质和肤色非常搭配;其次,用暗示性的话语告诉客户,"你穿上这件连衣裙效果一定会很好",从而增强了客户购买的信心,消除了其拒绝的可能性。可以说,销售员这次化解客户拒绝的准备工作做得非常到位。

销售心经

要做好处理拒绝的准备,销售员必须先了解客户拒绝的真正原因。一般而言,客户拒绝的理由无外乎以下三种情况。

1．对销售人员不信任

客户之所以对销售员质疑，是很多原因造成的。例如，当客户已对产品了解得十分透彻，而销售员却对他做了很多名不副实的产品介绍，这个时候客户提出质疑在所难免。出于自我保护的本能，客户对销售人员所说的每一句话都会抱着审慎的态度，如果销售人员急于求成，随意夸大产品的质量和功能，其结果可想而知。

2．客户对自己没有自信

客户对于自己不了解的产品，防御心比较强，并且对销售人员的介绍没有多少信任感，担心自己上当受骗，以至于拒绝销售员的成交请求。

3．客户的期望未能满足

当销售员提供的产品或者服务远远低于客户的期望值时，客户会因为这一心理落差，而产生异议和抗拒。

在探明客户拒绝背后的真正原因之后，销售员就要在日常工作中注意，不断提高自己的专业水平，更新产品相关信息，以真诚的态度服务客户，让客户满意，并取得客户的信任，这样客户拒绝的可能性就会降低。另外，通过以下准备，可以使销售员在应对客户的拒绝时更加主动。

第一，收集客户拒绝的理由，编制标准应答用语。

很多精明的销售员通常会将客户每天不同的拒绝语言，逐一详细记录下来，然后通过请教或者集体讨论的方式制订标准应答用语，接着将这些应答用语牢记并运用于销售实践中。这是一种应时客户异议较为有效的方法。

第二，提前进行巧妙的暗示。

销售员在开始同客户会面时，就应留意向客户做些对产品肯定的暗示，从而降低客户拒绝的概率。例如：

"大姐，您穿上这个款式的裙子，一定会成为人群中气质最出众的那一个！"

"本公司的储蓄型保险是您最好的投资选择，5 年后开始获得的红利正好可以支付您儿子的大学费用！"

做出诸如此类的暗示后，销售员要给客户一些时间，以便这些暗示渗透到客户的潜意识里。

在推销之初，销售员就可以利用这个方法给客户一些积极的暗示，客户的态度就会随之变得积极起来。当销售员稍后再试探客户的购买意愿时，他可能会再度想起那个暗示，并且逐渐将这个暗示等同于自己的观点。因此，这些积极的暗示可以帮助销售员打消客户很多拒绝的可能性，从而有利于双方的顺利成交。

第三，在客户异议尚未提出前就给予解答。

俗话说："先发制人，后发制于人。"很多优秀的销售员很少碰到客户的拒绝，主要原因在于他们能够"先发制人"，在客户尚未提出异议之前就给予圆满的解答。这种防患于未然的做法为销售员争取到主动权，避免因纠正客户的看法或反驳客户的意见而引起不快。

销售员在未雨绸缪的过程中需要先揣摩客户异议并抢先处理。一般而言，客户拒绝的产生有一定的规律性，如销售人员谈论产品的优点时，客户很有可能反其道而行之，尽量找出最差的一面；有时，客户没有提出异议，但其表情、动作及措辞和声调却可能有所流露，销售人员觉察到这种变化时可以抢先解答。

> 销售员在遭遇客户拒绝之前，需要做好反拒绝的准备。一般准备工作包括两个方面：一要了解客户拒绝的原因，然后逐步改善自己的服务质量；二要提前编好针对各种拒绝的应答用语，在客户提出拒绝之前做出暗示或解答，防患于未然。

利用客户的拒绝套出真心话

销售箴言

> 很多时候，拒绝只是借口，销售员要做的就是利用客户的拒绝套出其真心话。

客户的拒绝是再正常不过的一件事情，有拒绝才有销售，即便是最优秀的销售员也难免会遇到客户拒绝的情况。而拒绝的背后潜藏客户的真心话，销售员要善于从中挖掘，找到双方成交的真正障碍，然后有针对性地一一化解，这样才能推动销售活动顺利进行下去。

情境再现

郑先生："听说你们的车经常出问题？"

销售员："这个您多虑了，这个世界上没有完全绝对的事情，因此极个别出问题也实属正常，不过我可以向您保证，我们的质量绝对是一流的。"

郑先生："那你们的售后服务呢？"

销售员："郑先生，买车毕竟是一笔不小的数目，售后服务也是理所当然的，不过您指的是哪些方面的售后服务呢？"

郑先生："我以前买过一款类似的车，没过多长时间油箱就开始漏油了，后来回去找售后维修，但修好没多久又出现同样的问题，当我再去找售后维修时，对方却向我收取修理费，您说这件事我委屈不委屈，明显是他们的过错，我却要为他们的错误埋单。如果在你们这儿碰到类似的问题，我想知道你们是怎么处理的？"

销售员："郑先生，我非常感谢您的坦诚，除了对这些比较关心之外，您还有其他方面的顾虑吗？"

郑先生："没有了。"

销售员："郑先生，其实，就像您一样，很多客户都有这方面的担心。我想告诉您，我们公司的车，采用的是一种 AA 级标准的加强型油路设计，出自意大利设计师之手。这种设计即使在正负温差 50℃，或者润滑系统失灵 20 小时的情况下，也不会出现油路损坏的情况，具有极好的密封性，所以几乎不可能存在漏油的情况。当然，一些特殊情况也不能完全排除掉，如果真的出现了漏油的情况，您也不用着急，我们的售后承诺是：自购买之日起免费保修 1 年，同时提供 24 小时上门服务，绝对不会让您出现买车不保修的烦恼。"

郑先生："你要是这么说那我就没有什么好担心的了，车就在你们这儿买了。"

情境分析

从这个案例中可以看出，刚开始客户对于汽车的质量和售后服务都存在质疑。为了了解其抗拒和质疑背后的真相，销售人员通过提问"郑先生，买车毕竟是一笔不小的数目，售后服务也是理所当然的，不过您指的是哪些方面的售后服务呢？"将客户拒绝后面的"担心售后维修"的真相挖掘了出来，最终对症下药，郑重承诺，消除了客户的后顾之忧，从而顺利地促成了交易。

销售心经

引发客户拒绝的原因是多种多样的。销售人员首先需要对客户的拒绝有一个正确的理解，其次还要努力挖掘其拒绝后面的真相，并且给予针对性的处理，这样才能满足客户的心理需求。

销售人员在挖掘客户拒绝后面的真相时要注意以下几点。

1. 正确理解客户的拒绝

许多销售人员面对客户的拒绝时的一般想法是"客户有什么不满意的地方，我只要采用适当的方法解决就好了"，事实上，有时候情况并没有这么简单。客户提出拒绝之词也许是"醉翁之意不在酒"，而在于其他的一些目的，比如，表面上嫌价格昂贵拒绝购买，其实质是想索取赠品，或者享受优惠。这时，如果销售人员还在盲目地为了解决客户表面上的异议而费尽心思，则可能离销售成功越来越远。因此，销售员只有对客户拒绝后面的真相有一个准确的理解和把握，才能对症下药，一击即中。

2. 善于察言观色，倾听客户的言外之意

在销售中，挖掘客户拒绝后面的真相不是一件容易的事。有些销售人员在客户提出异议时，并不是首先识别拒绝的真正原因，而是直接进入化解拒绝的状态，这样会导致很多"冤假错案"，造成客户的不信赖，在这种情况下，给销售增加了新的难度。所以，这需要销售人员对客户的言行举止进行仔细的观察，甚至还要学会领会其言外之意，其次挖掘出来的真相才能更贴近客户真实的想法。

销售精英小贴士

销售员要想将客户的拒绝有效化解，就不能被客户表面上的异议所蒙蔽，而是要善于利用其拒绝套出真心话，然后采取相应的措施，进行恰当的处理，以免南辕北辙，给销售工作带来更大的障碍。

客户能说"不"，你不能说"不"

销售箴言

"人生的光荣，不在于永不言败，而在于能够屡扑屡起。"客户可以有说"不"的特权，但是销售员没有。

"不能""不行"在很大程度上代表着一种懦弱，求全的生活态度。对于销售员而言，这种工作态度要不得。客户可以说"不"，但是销售员决不能说"不"。遇到客户的拒绝，销售员不可垂头丧气，信心尽失，轻言放弃，唯有坚定的信念与永不放弃的态度才能带自己走出"山重水复疑无路"的销售困局，迎来"柳暗花明又一村"的全新开始。

情境再现

日本保险销售大师原一平先生业绩斐然，声名显赫，其成功的秘籍之一就是就是坚持不懈，绝不轻易说"不"，从而将一张张"毫无希望"的保单化为可能。

一天，原一平向一家公司的领导推销团体保险。可是，这位领导以公司不缴纳保险为原则，多次拒绝了原一平的热情推销。但是原一平并没有知难而退，仍然继续坚持着。终于在两个多月后的一天，这位领导被原一平坚持不懈的精神打动了，同意接见他。

走进接待室后，原一平竭力向领导阐明保险的种种益处，紧接着拿出早已准备好的方案，满腔热情地进行说明，可这位领导刚听了一半，就将方案否决了，然后站起身走开。

回去后，为了给领导一个更为满意的结果，原一平挑灯夜战，反复推敲，认真修改，第二天下午又去拜见。谁知这一次对方连看都没看一眼，直接冷冰冰地拒绝道："这样的方案，无论你制定多少也没用，因为本公司有不缴纳保险的原则。"

被戏弄之后的原一平感到很失落，但他并没有因此而轻言放弃，反而坚定了"总有一天肯定会成功"的决心。从此，他抱着厚厚的资料，一次又一次地拜访客户。

有一次，原一平通过一个偶然的机会，了解到这家公司不投保的具体原因。为了给自己的销售打开突破口，他多次请教相关专家、有经验的同事，自己也查阅了大量的文献资料，最终给该公司提供了一个有效的解决方案。最后销售终于获得了成功。

情境分析

原一平曾深有感触地说："销售成功的秘诀就是初次遭到客户拒绝之后的坚持不懈。也许你会像我那样，连续几十次、几百次地遭到拒绝。然而，就在这几十次、几百次的拒绝之后，总有一次，客户将同意采纳我们的计划。"正是因为一次次永不放弃的执着和勇气才使得他成为保险行业一颗耀眼的明星。

销售心经

不管选择哪个行业做销售，都需要原一平式的不放弃精神。当然了，坚持不懈并不意味着蛮干、硬干，对客户死缠烂打，销售员要把坚持不懈的精神与一定的技巧方法结合起来，最终攻克客户内心坚实的堡垒。

1. 销售是持久战，不要急功近利

根据美国销售协会的统计，80%的销售个案的成功，需要5次以上的拜访，然而48%的销售员在客户第一次说"不"的时候就果断放弃了，25%的销售员在第二次遭拒后放弃，只有5%的销售员能够坚持拜访5次以上。销售是场持久战，一般客户积极配合，一次性成功签单的情况非常罕见，所以销售员不可过于急功近利，遭遇客户拒绝也是一件很正常的事情，大家最好有长久作战的心理准备。

2. 销售失败后及时分析原因

如果遭到客户多次拒绝，不要使蛮力继续往前冲，而是要及时分析失败的原因，看看自己是不是没有找准目标客户，或者介绍产品的方式方法不对，抑或没有找准决策人……在总结原因的基础上进一步修正，为下一次的拜访做好准备。只有智慧和勇气并重，才能为成功打好牢固的基础。

3．以不断的拜访与联系来征服客户

潜在客户虽然暂时没有购买需求或是缺乏购买能力，但并不代表永远没有向他们成功推销的可能。所以销售员要坚持不懈地反复进行拜访，并且每一次拜访都要竭尽全力，或许成功的转机就在下一次遭拒的地方等着你呢。

另外，在两次拜访之间，销售员还可以通过信件、传真、电子邮件、打电话等方式与客户保持密切的联系。通过这种方式销售员可以不断获悉客户的真实需求，也可以减轻对方的排斥心理。

4．巧用催眠式销售，把好处说清，把痛苦说透

催眠式销售是指销售高手游刃有余地运用客户自身的欲望和潜能，让客户相信销售人员以及他所提供的产品或服务并采取购买行动的过程。它的核心思想就是将一些客户原本不太注意、不太确定的信息重复灌输给客户，重复得多了，客户就会对这些信息深信不疑。另外，购买是一个"追求快乐、逃避痛苦"的过程，所以，销售员最好反复地为客户把购买产品的好处分析清楚，把不购买产品可能会遭受的痛苦说透彻，这样客户在潜意识的影响下就会做出购买的决定。

销售精英小贴士

"不经一番寒彻骨，哪得梅花扑鼻香。"要想获得交易的成功，销售员首先得对拒绝有一个正确的认识，其次要懂得在失败的过程中找原因，然后以坚持不懈、持之以恒的态度拜访客户，必要的时候还需使用一些技能技巧。如此一来，客户迟早会被你征服。

练就铁齿铜牙，问出"真假异议"

销售箴言

　　客户的异议有真有假，销售员有必要将它们区分清楚，这样才有助于自己做出正确的应对之策。

　　一般而言，在销售中，客户提出的异议越多，表明他的购买需求越大，购买意向越强烈。但这要有一个前提，那就是客户提出的都是真异议。这是因为有时候客户也许并不想购买产品，于是有意提出一些假异议，来刁难或者敷衍销售员。

　　当然也有一部分客户想要通过假的异议混淆销售员的视听。比如，"你卖的这件衣服款式太老旧了""这种照相机的功能我很喜欢，但是颜色不是我想要的"其实款式、颜色并不是客户真正在意的，他们只是想通过这种假象来取得销售员的让步，以达到降价的目的。

　　由此可见，异议的类型不同，应对策略也有所区别。销售员要尽快分辨出客户异议的真伪，然后找到妥善的解决之策。

情境再现

　　客户："我暂时不考虑保险，因为现在家庭的经济压力非常大！"

保险销售员："您的想法我可以理解。不过您经济压力只是暂时的，它会随着您收入的增加不断缓解。只是在这个过程中，疾病、风险、意外有很大的不确定性，更不是人为就能控制得了的。万一降临在自己身上，个人要承担全部风险，更有甚者还会丧失赚钱的能力。这样得不偿失啊！"

客户："再说吧，我现在真的没钱。"

保险销售员："假设您现在物质充裕，会不会选择购买保险？"

客户："那我肯定会考虑的，可是你都说了是假设，假设的问题怎么能是现实呢？"

保险销售员："我理解您的心情，生活中大家都有难熬的时候。接触下来我感觉你挺亲切，这份保单的保费并不多，我可以先帮您垫上，只希望您能尽快多一份保障。"

客户："你这样说真是让我很不好意思，这点钱我还是支付得起的。"

保险销售员："那请您先看一下保险合同吧！"

情境分析

案例中，针对客户"家庭经济压力大"的异议，销售员采用"假设您现在物质充裕，会不会选择购买保险"这一提问的方法，辨别出了异议的真伪。

为了打消客户的异议，销售员首先表达了对客户的理解。接着从风险本身入手，一步步有理有据地论证了保险保障的重要性。如果条件允许的情况下，保险销售员还可以提出垫付保费的应对策略。最后又把话题拉回到保险合同上来了。

销售心经

当客户提出异议时，销售员要有意识地考虑一下异议是真的还是假的，他提出这个异议是出于什么目的等。以下是揭开客户伪装的面纱，判断异议真假的几个技巧，销售员需熟读并牢记。

1. 反问法

销售员采用反问的形式，让客户自己去解决其提出的异议。比如，客户说："这件衣服是很早流行的款式，现在已经过时了。"销售员可以说："那您觉得什么样的款式才能令您满意呢？"如果客户提出了具体的要求，那么这个异议就是真实的异议。

2. 假设法

就是假设这个异议已经解决了，客户是否有购买的诚意。比如，客户说："我现在收入太少，没有钱买保险。"销售员可以说："如果经济问题解决了，您是不是就决定购买了呢？"如果客户吞吞吐吐，含糊其词，那么这个异议就是假的。

3. 引出客户的真心话

客户虽然提出一大堆看似关心产品的异议，但真正的想法可能是"我对你的产品并没有多少兴趣，也不想听你在这儿絮絮叨叨，所以随便找个理由把你打发掉。"在这种情况下，销售员倘若信以为真就不好办了。这时，销售员要试着引出客户的真心话。比如，可以直接询问客户："您提出异议是不是因为贵公司最近资金周转不开，对于购买这些设备存在一定的压力呢？"若能让客户敞开心扉，说出其中的原委，就有进一步合作的希望。

4. 转化法

就是把客户提出的异议转化成产品一个卖点。比如，客户说："这套房子地理位置太偏了。"销售员可以说："您说的确实对，不过正是因为偏远，所以才可以让您远离闹市喧嚣，尘世的嘈杂，尽享静谧安宁的生活。此外，这里价格低廉，空气清新，您有机会拥抱大自然的一草一木，这又何尝不是一种幸福。"如果客户听到销售员这样说能点头释然的话，那么这个异议就是真实的异议。

5. 第三方证明法

客户在产品性能和技术指标方面提出异议时，也许销售员的"一面之词"不足以消除客户的疑虑。这时，第三方的力量也许是最好的证明，如国家权威机构的检测报告、已使用此产品的客户名单和联系方法，或者邀请客户到工厂实地考察等。如果客户在十分可靠的证明前仍不满意的话，那么这个异议一定是假的。

6. 笑而不答法

俗话说："智者若愚，近于讷，近于蠢。"面对客户的异议，销售员有时也可以面带笑容点头同意或装傻。特别是在一些大型的销售中，客户的内部关系错综复杂，销售员说话稍有不慎，就容易节外生枝。如果客户在接下来的谈话中对异议没有过多的关注和纠缠，说明事情还有转机，也许这个异议只是出于客户的习惯或者是发泄。

销售精英小贴士

辨明客户真假异议的方法有反问法、假设法、转化法、第三方证明法、笑而不答法等。销售员需要将这些方法悉数掌握，然后根据甄别出来的异议的真假，制定有效的应对策略。

找准客户拒绝的原因，逐一击破

销售箴言

客户拒绝总是有理由的，销售就是一个找出客户拒绝理由，然后逐一击破的过程。

销售员在与客户沟通的过程中，常常会听到各种各样拒绝的理由。虽然说这些拒绝让人头疼，但是不可否认，他们绝大部分拒绝理由都是有客观依据的。因此，销售员要做的就是耐心倾听，冷静判断，找出客户拒绝的真正原因，然后找到有效化解的方法。

情境再现

客户："要是你们保险公司倒闭了，那我投进去的钱岂不是打水漂了？"

保险销售员："李先生，您真是一个很谨慎很有风险意识的人，不过关于这一点，您真的是多虑了。因为保险关系到千家万户的生活质量和稳定，所以国家对保险公司的经营行为具有极其严重的限制。此外，《保险法》还规定经营人寿业务的保险公司除分立、合并之外，不能解散。"

客户："真的有这么安全吗？"

保险销售员："那当然，保险公司还会为自己和客户再保险，还有一个责任准备金做保障呢。这是以防万一有保险业者发生财务状况不稳时，可由该基金代为负责的一个保障。"

客户："真的吗？"

保险销售员："是的。因为保险是金融及公司性事务，其经营好坏关系到投保人实实在在的权益，且保险契约为附和契约，通常为保险公司单方拟定。另外，保险为专门技术，被保险人在保障本身权益时比较被动。所以监管单位在一笔保费进入保险公司后，就开始注意其流程是否经过严格的核保、评估其安全程度，并进行再保的分配。至于其对外的投资会严格把控。所以保险公司的风险较一般金融机构为低。"

情境分析

在上述案例中，客户之所以会拒绝购买保险产品，最重要的原因是因为他对保险公司不信任。对此，保险销售员分别从国家的严格监管、法律法规、保险公司的防范措施等多方面来说明保险公司倒闭的可能性很小。有了这些权威机构的力证，就等于给客户吃了定心丸，无形中使其增加了对公司的信任，消除了购买产品的顾虑。

销售心经

一般来讲，客户拒绝的理由无外乎以下几个方面。

1. 价格太贵

产品价格是客户拒绝购买的重要原因之一。"产品不值这个价格""价格太贵""价格怎么会比其他的同类产品高出这么多？"这些都是客户经常提到的问题。一般客户说出这样的话，要么是想买，但是价格超出了承受力，要么不想购买，说价格高就是为了能脱身。当然，还有一种可能是想砍价。对此，销售员一定首先要分辨出客户异议的真假。

（1）客户露出惊讶的表情，说明他真的接受不了这样的价格；

（2）客户面部表情没有太大的变化，说明有砍价的嫌疑。

（3）只是说价格贵，没有下文，则表明其没有购买的诚意。

倘若客户真的觉得价格太贵，而拒绝交易的请求，销售员需要让其明白"一分钱一分货"的道理，"好贵，好贵"只因为好，所以才贵。同时销售员记得告诫客户谨防低价陷阱。如果客户还是拒绝接受产品的价格，那么不妨带着他计算一下产品的性价比。

2．质量不好

对于不熟悉的品牌，客户在购买时首先会对产品质量质疑，"产品质量过不过关""有没有销售员说得那样好"这是大部分客户内心的潜台词。面对客户这样的拒绝理由，销售员一定要耐心地向客户讲解，同时也要实事求是，不要为了急于成交而夸大产品优点，甚至欺骗客户。

具体的解决方法，参考如下。

（1）充分利用权威的力量为其提供可靠的证据。例如："先生，您放心，我们这款产品的质量绝对有保障，您看，这是××部门给我们颁发的质量认证书。"

（2）让客户亲自试用、体验。例如，"大姐，这款包包的质量好不好，您摸一摸就知道了。您看，它摸起来软软的，手感非常好，而且仔细闻的话，您会发现淡淡的皮味和化工味混在一起。如果包包是假皮的话，只能闻到一股塑料味。"

（3）把售后服务的优势与产品质量相结合。例如，"王总，这款手机的免费维修期限是3年，其他同类产品都是2年，这足以说明我们产品的质量稳定。否则，三天两头出问题，维修成本也很高的。"

3．对公司不信任

也许由于受负面信息或是个人性格的影响，客户对销售员所在的公司表现出不信任，从而拒绝购买该公司生产的产品。这时销售员的一举一动都非常关键，因为它代表了公司的形象。在介绍产品时，销售员要时刻注意维护公司的信誉，消除客户的偏见。

（1）用影响力较大的人物或事件来建立客户对公司的信任感。比如："××影星是我们公司的形象代言人，也是我们这款产品的忠实使用者。""我们的产品是国家跳水队运动员指定产品，他们一直用它"。

（2）表现出对公司十足的信心。自信是获取销售成功最重要的精神力量。销售员想要改变客户不信任公司的想法，首先自己要有底气十足的表现。如果你在谈起公司时垂头丧气，那么客户又怎么会有勇气对它产生信赖之感？

（3）利用权威机构的证明。权威机构的证明影响力大、权威性高，向客户出示相关产品的权威证明，就会在很大程度上消除客户对公司的不信任。比如："国家对保险公司的经营行为有非常严格的规定。我们这个保险公司的设立、经营、管理、投资，都要经过监管单位严格的管理。除了平时的监督，每年还会做一次深入的审核，一旦发现违反管理办法，即视其情况轻重予以纠正，轻者撤换负责人，重者甚至撤销执照。"

4．担心售后服务无保障

售后服务是客户购买产品时重点考虑的因素，如果售后服务不到位，产品的后续使用将无法得到有力的保障。对于客户担心的这个问题，销售员要尽量做全面的解释，对于那些客户请求也要尽量满足。但是如果请求无法兑现，销售员要懂得委婉拒绝，不要一味地向客户许诺，以免失信而加剧客户心中的坏印象。

（1）用事实说话。拿出其他客户对售后服务的反馈信息，用事实化解客户的担忧。

（2）向其展示合同相关承诺。合同上的售后服务承诺可信度比较高，将它们拿给客户看，客户大多都会打消心中的顾虑。

5. 对销售员不满意

客户对产品产生拒绝，有时原因来自销售员本身。也许因为销售员的形象不过关，也许因为销售员的信誉有缺失，又或者因为销售员经验不够丰富，无法把握客户心理需求。那么，如果在销售中发现客户对自己不满意，应该怎么做呢？

（1）熟悉自身业务。作为一名销售员，必须对自身的专业知识有一个全面清晰的认知，这样才能保证在客户提问时对答如流，不出差错。

（2）保持良好的态度。态度是决定一个人做事能否成功的基本要求。作为一个销售人员，必须抱着一颗真诚的心，诚恳地对待客户。同产品相比，好的态度更能吸引客户。

（3）展示自信健康的形象。对每个人而言，形象就是自己的名片，一套搭配得当的服装加上文雅的举止往往能够给人以美好的第一印象，从而为以后更深入的交往打下基础。没有哪个客户愿意与无精打采的销售员谈话，所以打起精神，向客户展示一个自信健康的精神面貌非常重要。

❓销售精英小贴士

一般而言，客户拒绝的原因包括：价格太贵、质量太次、对公司不信任、担心售后服务无保障、对销售员不满意等方面。针对客户各种各样的拒绝，销售员要找准原因，各个击破。

利用客户的优越感，说服其于无声无息间

销售箴言

　　客户的拒绝可以用其优越感来抚平，而巧妙的赞美和虚心的请教又可以为客户制造优越感。

　　在人际交往中，每个人都希望得到别人的尊重和肯定，从而凸显自己的优越性，没有人喜欢处处表现得比自己优越的人。因此，销售员在推销遇到障碍的时候，不妨采用适当赞美的语言和虚心求教的姿态，让客户表现得比自己更优越，满足客户的优越心理，继而消除客户的敌意，化解客户的拒绝。

情境再现

　　销售员小贝打算给某公司的领导推销保险，于是他主动登门拜访，结果对方一听说他是做推销的，二话不说就让秘书将小贝挡在门外。

　　遭到客户的严词拒绝，小贝并不甘心，经过一番极力争取之后，终于得到了一个面谈的机会。

　　小贝："姜经理，我在等候您时，顺便观览了下周围的情况，您公司的员工个个斗志昂扬，干劲十足，这和您卓越的领导能力密不可分啊！"

客户："谢谢夸奖，可是我真的不需要保险。"

小贝："姜经理，您现在经济能力很强，既健康且不缺钱花，不需要保险我也能理解。您看您，年纪轻轻，就当上了经理，手下管着一百多号人，可以说得上是年经有为了。一般人像您这个岁数都还在基层做呢！哪有这个能力管理这么大的一个公司呢！"

客户："呵呵，我从小就出来打拼，在别人安逸地上大学的时候，我已经奋斗到项目主管的位置了！"

小贝："您真了不起！我要是到了这个岁数也能当上主管，估计做梦都能笑醒呢！可是做我们这一行，竞争太激烈了……"

客户："你们这主要是推销什么保险？"

小贝："我们这里的险种有很多，能给客户提供各方各面的保障。我觉得像您这样经济实力雄厚的人，也需要一份保险做保障。因为您的资产不仅需要增值，还需要保护……"

说着说着，客户慢慢放弃了原来对保险的一些偏见，一口气签下了一份 20 万元的保单。

情境分析

案例中客户一开始对保险是拒绝的。为了打破这层成交的障碍，销售员小贝从赞美入手，恰如其分地夸赞客户年轻有为，领导有方。在一系列"甜言蜜语"的浸泡下，客户的优越心理得到充分的满足，渐渐放松了警惕，放弃了对保险的抵制，最终签下了一大笔保单。

🏃 销售心经

赞美和请教是给客户制造优越感的有效良方。不过销售员在使用这两种方法化解客户拒绝时需要注意以下几个事项。

1．赞美要瞅准合适的对象

一般虚荣型的客户对于销售员的赞美尤为敏感。所以销售员利用优越感化解拒绝时，最好挑这类人。在选定合适的对象之后，销售人员就要把握时机对其进行赞美了。若客户是一个穿着得体的人，销售员可赞美他衣着品味；若客户是一个知识分子，销售员可赞美他文质彬彬、很有学者气质；若客户是知名公司的员工，销售员可表达对其工作的环境的赞美、羡慕之情。总之交流时要尽量使用褒义词。销售员赞美得越真诚，客户的优越感就越强烈。

2．向客户虚心请教

请教意见是满足客户优越心理的又一个好方法，特别是向客户请教一些与业务相关的问题。这样既可以了解客户的想法，又能表达对客户的重视，更重要的是满足了客户被人请教时潜在的优越感。

❓ 销售精英小贴士

赞美和请教是制造优越感，化解拒绝的利器。不过销售员在使用时一定要选择好合适的赞美对象，请教一些针对性的问题，否则不容易达到理想的效果。

第八章

谈判更需好口才，轻松搞定价格战

销售员要想实现利润最大化，离不开唇枪舌剑的价格谈判。而在讨价还价的过程中，有很多的报价技巧和谈判策略，需要销售员悉数牢记，并且熟练运用。只有这样才能让自己轻松游走在价格和价值之间，获取更多的经济效益。

用更多的言语说明产品的价值，淡化产品价格

销售箴言

产品价值是淡化客户价格异议的有力武器。销售员可以用自己的口才魅力让客户相信物有所值。

当销售员报出产品价格时，客户往往会说"价格太高""东西真贵""我没那么多钱"等话语予以拒绝。这个时候，销售员千万不要急着降价，产品的价格是由其价值决定的，因此不妨多强调产品的价值，给客户解释产品定价的原理，以及产品价格高的原因，让其明白"一分价钱一分货"的道理。

通常来说，客户对某种产品的需求越强烈，他对该产品的价格就越不重视。销售员在价格谈判中要充分抓住这一点，先谈价值，以价值来刺激客户的大脑，让产品价值先在客户心中做好铺垫，然后再谈价格，这样一来，这场讨价还价的口水仗就简单很多了。

情境再现

客户："您好，我想买橱柜，你这有吗？"

销售员："哦，好的，请跟我来，这里就有。"说着销售员把客户带到一款橱柜前。

销售员:"大姐,您看这个橱柜的上下结构比较合理。请问您比较看重产品的功能还是款式?"

客户:"我觉得功能是最重要的,但是款式也不能太难看。"

销售员:"根据您的喜好这一款比较符合。您看,这款橱柜白色波浪特色耐磨板,耐磨、耐热、耐划、耐擦洗。而且波浪门板配以水滴拉手,使其流畅的线条得以延伸,这样的设计风格非常符合您这样岁数的人使用。"

客户:"那它要多少钱呢?"

销售员:"大姐,我想请教一下,您是搬了新家想换新橱柜还是觉得旧的不实用想换掉呢?"

客户:"我刚搬进了新家,所以看看有没有更实用、更时尚一点的橱柜。功能肯定是要有保证的,加上设计最好新颖时尚,这样显得年轻一点。"

销售员:"我刚介绍的这一款就非常符合您的要求,名师设计,空间利用率很高。这个橱柜还有一个特点就是灵活性很强,可以自由搭配,它可以根据您的厨房大小来进行伸缩,如果您的厨房够大,就可以适当加宽,显得和厨房更协调。您觉得多宽比较好?"

客户:"就这么大应该差不多了。"

销售员:"我还想问问您家里装修风格是属于欧式还是中式的呢?"

客户:"哦,都不是,我们家装修风格属于地中海风格的。"

销售员:"哦,那这个色彩明亮的橱柜正好合适。不知您是否听过我们的这款产品?"

客户:"听过,你们好像在电视上打过广告。"

销售员:"是啊!您真细心啊!我们这边还有一份资料,您可以看看。"

客户:"这橱柜怎么卖?"

销售员:"上柜是1 200元,下柜是1 300元,台面是1 000元,总共是3 500元。"

客户："哦，这么好的橱柜我还以为会很贵呢，看来还是很合算的。"

情境分析

随着客户消费观念的日趋理性化和科学化，性价比已经成为越来越多的客户购买产品时所考虑的重要因素。因此，在这个案例中，当客户询问价格时，销售员并没有直接回答，而是先向客户介绍橱柜的价值，使客户意识到这是一个性价比较高的产品，这样就缓解了客户对产品价格的敏感度，避免了买卖双方过早进入谈判阶段，使销售员在谈判中不至陷入被动局面，从而获得了销售的成功。

销售心经

对于客户不了解的产品，他们首先会问及产品的价格，通过价格的了解和比较来判定价值的高低。如果价格高他们就认为价值高，便宜就会认为价值低。所以，销售员要针对客户的这一购买心理，在销售过程中要多强调产品对于客户的价值，要让他们知道自己所购买的产品是"物有所值"，甚至是"物超所值"的。

1. 让客户了解价值与价格相符

在经济学中，价格是围绕价值上下波动的。销售员要设法让客户认识你产品的价值，让其相信产品的价格是和它本身的价值相匹配的。如果你的产品价格高于竞争者的价格，那么你就需要向客户证明你的产品在质量、性能及服务等方面优越于竞争者，否则客户是不会为这部分差价买单的。

2. 让客户因价值而心动

客户如果对一样产品不了解，相应的也不会对这一产品存有太多的期待。所以，销售员多谈论一下产品的价值，就会突破客户原先的期待值。面对性价比较高的产品，客户也会酌情提升自己的心理价位，痛快接受销售员的报价。

3. 事实胜于雄辩

人们常常说这样一句话，先尝后买，才知好歹。销售员要想让客户相信自己产品的价值，有的时候光靠嘴是没有多少说服力的，嘴上介绍得再好，也不敌事实的力量。因此，销售员在强调产品价值的同时还要懂得把事实摆在客户面前，这样客户才会相信产品的优势。

销售精英小贴士

在产品介绍时，优秀的销售会重点强调产品将会给客户带来的种种益处，在不知不觉中，淡化产品的价格，提高客户对产品的认可程度，减小销售的难度。

以"相对价格"引导客户，瞬间解除其价格疑虑

销售箴言

"相对价格"是解除客户价格顾虑，促使其接受销售员报价的重要手段。

有人说："幸福是一个比较级，当有东西垫底时才会有幸福感。"的确，很多东西通过比较才更能凸显其中的价值。比如产品销售，有比较才能知

道价格的高低，才能知道产品质量的优劣。因此，在报价时，销售员不妨使用"相对价格"做比较，使客户知道产品价格的合理性，从而解除其心中的疑虑。

情境再现

一位女士在一家鞋店里试穿凉鞋，几次试穿过后，终于做了选择。

女士："你好，这双鞋子的价格是多少？"

销售员："因为这双鞋子是刚上市的新款，所以价格要比普通的高一些，499 元。"

女士："那么贵啊，能不能给我优惠一点？"

销售员："这双鞋采用的是柔软的羊绒皮，弹性很好，舒适度很高；而鞋底用的是橡胶材质，抓地力强，又防滑，所以您穿上去舒适又安心；鞋头采用的是蝴蝶结水钻装饰，很好地凸显了它的立体层次感；细高跟设计，能够凸显您腿形的优雅曲线，真的是物有所值，而且是新款，所以不能打折的，您穿上那么漂亮，真的很适合您。"

女士："漂亮和价格是两码事，你就不能降价吗？"

销售员："真不能。那您能承受什么样的价格呢？"

女士："350 元吧。"

销售员："那您看看这一款吧，这款也比较适合您，价格也在您能接受的范围之内，是 310 元，不过是去年的老款，而且不是羊绒皮的。"

女士："算了吧，我还是买这个新款的吧。"

情境分析

案例中的销售员，面对客户对新款鞋子的高价顾虑，主动探知客户的心理价位，然后运用"相对价格"引导法，凸显了新款鞋子的优势，同时假意满足客户的价格需求。很显然，这个相对价格 310 元的鞋子跟 499 元的鞋子根本就不是一个档次，因此客户也明白了鞋子物超所值，很快接受了销售员的报价。

销售心经

在销售过程中，一个优秀的销售人员懂得以"相对价格"引导客户，告诉他们如果真希望以低价成交，则只能购得各方面条件都次于该产品的产品，以此来瓦解对方的价格异议，从而达到高价营销的目的。

"一分钱，一分货"是很多老百姓购物的价值理念。如果销售人员在销售过程中，能以这样的理念加以引导，"相对价格"引导法更容易起到理想的说服效果。不过对于同一种产品，不同的人有不同的价值衡量标准。如果客户对产品有很强烈的需求，那么即便是产品的价格再高，客户也会认为合理。所以销售员在利用"相对价格"引导客户时，要将自己产品更符合客户需求的地方凸显出来，这样更容易降低客户对于产品价格的敏感度。

此外，在引导的过程中，即便是遇到客户过分的价格请求，也要时刻把控好自己的情绪，在表达方式上，要做到尽量温婉平和。必须要让客户感觉到，你所不赞成的只是他提出的价格，而不是在否定他的人。如果在表达方式上有所欠缺，甚至伤了客户的自尊心的话，那么不但达不成交易，还有可能激怒客户，于人于己都有坏处。

❓ 销售精英小贴士

> 一个优秀的销售员，不仅是一个优秀的服务人员，还是一个优秀的分析师。在客户对产品价格存有顾虑时，销售员懂得运用价格较低的产品与之相比较，突出该产品的优势。这种"相对价格"引导法可以帮助销售员在讨价还价的过程中获得优势。

面对价格挑剔者，切忌语言粗暴无礼

销售箴言

"和气致祥，乖气致戾。"面对价格挑剔的客户，销售员应该懂得和气生财的道理，粗暴无礼的语言会把财气赶跑。

凡是做过销售的人都会碰到这样一类客户，买东西的眼光极其挑剔，到了议价的环节，更是变本加厉，再低的价格也不愿意接受。销售员在与之争议的过程中，耐心一步步消耗殆尽，有的时候忍不住想大发雷霆，以报心中的不快。这样的做法虽然解气，但是很不理智，粗暴无礼过后，损失最大的还是自己。面对挑战，平和的语气和高超的技能才是解决问题的关键。

情境再现

某皮鞋专卖店走进来一对中年夫妇。男人一眼看中一双鞋子，妻子作为"参谋"，将这双鞋的仔细端详一遍后，颇为不满地把鞋子的做工、颜色、款式一一"数落"了一遍。最后一看标价，300元，她更觉得这个鞋子一无是处，可是转头看到男人渴望的眼神，只好与销售员展开你争我夺的价格大战。

妻子："这双鞋太贵了，能不能便宜点？"

销售员："不贵！这可是今年刚上市的新款，而且又是知名品牌，所以我们进货也不便宜！如果你有诚意买的话，我可以给你打个9.5折。"

妻子："7折可以吗？"

销售员："不可能！要是那么便宜卖给你，我就赔惨了！这样吧，看你那么有诚意，我就少吃点亏，9折！你赶紧掏钱吧！"

妻子："9折太贵了，最多7折，卖不卖？"

销售员："最低9折！再少一分钱都不卖！如果你能接受，那咱们就成交。如果不行，你们再到别处看看吧！反正我这儿是不干赔本赚吆喝的买卖。"说完，销售员不耐烦地白了这对夫妻一眼。

听完这话，这对夫妻气呼呼地摔门而出。

情境分析

讨价还价就是一场拉锯战，买卖双方呈现此消彼长的争夺态势。案例中客户很显然是一个挑剔的主儿，面对销售员的一再让步，她坚持己见，寸步不让，最后使得销售员彻底失去耐心，做出了不礼貌的举动。

对于客户的是非对错，姑且不议，单说销售员的言行举止就有违职业操守。销售本来是一个服务行业，销售的不仅仅是产品，更是自己的服务态度。如果自己的服务态度不到位的话，客户怎么会心甘情愿掏腰包为您的产品买单呢？而且就算是客户的要价失了分寸，销售员也不应该意气用事，这样会给自己店面的声誉造成无法弥补的损失。

销售心经

"狭路相逢，智者胜。"其实，在遇到挑剔型客户时，销售人员只要运用一些小技巧，就可以轻松地摆平这场价格战。

1. 替代式拒绝

当客户在价格方面有过分的要求时，作为交换条件，销售人员也可以提出一个请求，这样一来，客户可能为了达到降价的目的而答应销售人员的请求。

客户："如果这条裤子能给我打七折的话，我就不在这里和你打口水仗了。"

销售人员："大姐，如果真按这个价格给你的话，我就真的一分钱都赚不到了。这样吧，你买这条裤子再搭一双鞋子（之前看好的），一共付我300元，这样我也少赔一点。"

客户："哦，这样也可以。"

2. 用上司做挡箭牌

销售人员面对价格挑剔者，如果实在找不到合适拒绝的理由，也可以请出上司做挡箭牌，用一句"上司不同意，我也无能为力"有效地回绝客户的过分请求。

客户："我们已经是好多年的合作伙伴了，这次我又计划购买大宗的产品。所以，我希望价格上你能再给我优惠5%。"

销售人员："廖总，看在您是老客户的份上，我已经给您很大力度的优惠了，这是我所见过的最低价了。要是再降价的话，我就做不了主了。这样，我请示一下领导吧。"

几天后……

销售人员："廖总，实在是不好意思，领导说那个价格已经是最低限度了，比您更大的交易额也是这个价钱。"

客户："嗯……那好吧。"

对于客户的过分价格请求，如果硬生生地以"不"字回绝，难免会让客户心生不悦。所以，无论销售人员采用哪种拒绝手段，都要委婉地进行。

销售精英小贴士

　　面对价格挑剔者，感情用事，粗鲁无礼是最愚蠢的做法。替代式拒绝和用上司做挡箭牌这两种方法更可以让销售员跳出价格争议的泥潭，巧妙地保护好自身的利益。

适时说出报价底线，向客户施压

销售箴言

　　"开船要趁涨潮，行动要看时机。"选对报价时机对于销售的成败至关重要。

在销售过程中，何时报价是决定销售成败的一个重要环节。如果销售人员在一个错误的时机报出低价，很有可能让销售工作功亏一篑，即便之前在介绍产品时已经足够详细，也有可能导致客户的反感。所以，要想助销售工作一臂之力，选择好报价的时机非常关键。

....

情境再现

刘芒刚刚进入销售领域，他的主要工作是推销电子产品。经过几次努力之后，他终于联系到了一位大客户。在经过一段时间的交谈后，客户渐渐对刘芒公司的产品有了兴趣。

客户："嗯，产品的样子看起来还挺好的，就是不知道它的使用效果怎么样。"

刘芒："无论是从外观还是质量上看，我们的产品都不会让您失望的。您可以到我们公司来参观一下，并对这些设备的功能进行实地考察。咱们尽快约个时间，您看好吗？"

客户："可以，那就明天吧！"

第二天，客户的考察工作结束之后，脸上露出了满意的笑容。

刘芒："我们的产品获得了 UL 认证，完全符合国际标准。而且产品的售后服务也非常完善，只要有问题随时都可以给我们打电话，我们绝对会第一时间给您解决问题。"

客户："哦，是吗？"

客户听到这里，购买的欲望更加强烈了。

刘芒："对。由于我们的产品质量好，所以价格会相对偏高。这是我们公司设备的价格一览表，您看一下。"刘芒向客户展示了产品价格。

虽然客户觉得刘芒销售的产品价格要比同类产品要贵一些，但是最终还是签订了购买合同。

....

情境分析

"明者因时而变，知者随事而制。"在案例中，销售人员刘芒就非常善于抓住合适的报价时机，当他将产品的优势和质量保证全部告知客户，并且在客户对产品的兴趣更大时，报出了产品的价格，此时产品的价值已经逐步淡化了其价格，客户即便觉得报价高于其心理价位，也不会有太大的情绪波动，接受的可能性非常大。

销售心经

客户对产品的购买需求越强烈，其对产品的价格关注度就越低。因此，在报价之前，销售人员应多向客户传达产品的各种信息，并给予其正确的引导，给其一个逐步了解产品的过程，待客户的购买热情足够高涨之后再报价，这样议价的难度就会降低很多。

销售员在选择报价时机时应该注意以下几点。

1. 先弄清楚客户身份再报价

客户对价格的接受程度随着其性格和身份的变化而变化。因此，销售人员在报价之前，必须对客户有一个全面清晰的了解。如果销售人员因为对客户所询问的价格问题有问必答，就容易将一种报价轻率、不规范的印象留给客户，从而大大降低客户对产品的信任度。

（1）给自己购买产品的客户。如果一个客户主动了解产品的各项指标和规格，那么，这就说明客户对购买的目标和方向已经心中有数，而他们询问价格是建立在其充分了解产品的基础之上的。如果客户提前询问价格，销售人员可以对报价时间做出适当拖延，待客户足够了解产品之后再报价。

（2）为别人代购的客户。遇到这样的客户，销售人员不仅要多让客户了解产品，还要重点通过客户了解委托者的真正诉求，在确定客户有了明确的购买意向之后再报价。

（3）对所购产品不是很了解的客户。对待此类客户，如果他们对产品没有足够的了解，就不要轻易报价，否则很容易挫伤其购买的积极性。

（4）购买意向模糊的客户。这类客户多是在了解产品价格，所以销售人员不宜先告知其价格，而是要让其对产品多做了解，待客户建立起购买的欲望再报价，这样成交的概率会大一些。

（5）产品相关领域的业内人士。这类客户对产品相当了解，所以销售人员没有必要再画蛇添足，过多地给客户介绍产品的质量和性能，直接报价即可。

2. 选择最佳时机报价

一个合适的报价时机，关系着销售的成败。一般来说，最佳时机至少要具备以下三个条件。

（1）客户对产品有一定的了解；

（2）销售人员对客户有一定的把控能力；

（3）客户对产品有一定的购买欲望。

如果销售人员在以上时机还未成熟时就报价，就容易降低客户原有的购买热情，从而错失一个成交的机会。经验丰富的销售人员都清楚，无论何时报价，客户多多少少都会对产品报价存有疑虑。但是相对来说，客户对产品的价格了解的越迟，异议就越小。

销售精英小贴士

销售人员一定要选择合适的时机报价。客户对产品信息了解的越全面，购买欲望越强，销售员报价的时机越成熟。此外，报价时机还要根据客户的性格和身份具体来定，情况不同，报价的时间也不一样。

通过提问掌握客户的价格上限，适当让步

销售箴言

客户的价格上限代表着其心理的承受能力，销售员可通过提问的方式了解其心理价位，然后在保障自身利益不受损的情况下，做出适当的让步。

爱迪生在某公司担任电气技师时，成功发明了一项技术，该公司的经理想要获得这项技术的专利权，于是向他询问相关的专利费用。这时，他的心理价位只需 5 000 美元，但是他并没有把这一数目说出来，而是督促经理先报价，岂料经理一开口就是 40 万美元，谈判当然顺理成章地完成了，爱迪生也由此而获得一份意料之外的巨额钱财，为日后的发明提供了很好的经济基础。从这个故事，可以看出销售员提前获知客户的价格上限非常重要。

情境再现

小杨是某珠宝公司的销售人员，为了将客户的心理价位测试出来，小杨选择了以提问的方式与客户进行交流。

小杨："先生，您好，这款戒指是我们公司最新推出的，您看，情人节

快到了，买个戒指送给爱人，也是一个很好地表达爱意的方式。"

客户："嗯，我正有此意。"

小杨："那您想买什么类型的戒指，是文字戒还是镶嵌戒，或者其他的类型？"

客户："我想买一个钻石戒指。"

小杨："您真的是一个贴心的爱人。平日里，她在家辛苦操持大小事务，身为男人不得不在外打拼，很少有时间能帮她分担一二。所以在这个特殊的节日里，买个戒指回去，聊表心意，给她一个惊喜，多浪漫的一件事情啊！"

客户："嗯，对，我也是这样想的，但是你们这儿的戒指样式太多了，我不知道该选什么样的我老婆才会喜欢。"

小杨："先生，您看这款复古欧式镂空雕花钻戒，精心装饰的小钻，就像一个个赞美爱情的音符，闪烁跳动，爱意满满，很能表达您对爱人的心意。"

客户："那这个戒指卖得好吗？除了这个还有哪些比较受欢迎？"

小杨："先生，现在市场上热销的有很多。我给您介绍的这个款式是目前最为畅销的一款。当然了，这个系列的钻戒还有很多，价格从10 000元到30 000元不等。请问您想要购买什么价位的钻戒呢？"

客户："那目前哪个价位的戒指卖得比较好？"

小杨："从目前的销售情况来看，我向您推荐的这款戒指一上市就获得了广大消费者的青睐。因为它款式新颖，且价格适中，所以销量远高于其他。"

见客户有些犹豫，销售员又问道："您想买什么价位的？"

客户："说实话，我想买一款价格在20 000～25 000元的戒指。可是你给我推荐的这个有点贵。"

销售员："看您也诚心想要，我尽量和我们店经理申请一下，看看能不能给您一个优惠价。"

最后，小杨成功地将那款戒指卖给了客户。

··

情境分析

在与销售人员进行洽谈时，有些客户不喜欢在洽谈刚一开始时就将自己的心理价位暴露给销售人员。对此，销售员要懂得主动出击，巧妙提问，从提问中获取客户的价格上限。就像在本案例中，销售人员刚开始通过情人节引出买戒指，然后再开始向客户推荐最新款式的戒指，让客户对其销售的戒指产生了兴趣并开始进行了解，之后再从热销款式的戒指入手，探明客户的心理价位，最后通过适当的让步，和客户达成了交易。

销售心经

销售是一个需要发挥主观能动性的工作，销售员要想在价格商议中获得主动权，就得积极提问，探明客户的价格上限，然后在适当地调整产品价位，从而使得双方达成一致的价格认同。

1. 明确地提问

有的时候，开门见山式提问效果最为明显。销售员明确地问，客户不可回避地答。例如"那您最多能给我加多少呢？"这种简明扼要、直截了当的提问有利于客户做出明确的回答。

2. 证明式提问

作为销售人员，遇到客户不假思索地拒绝时，要相应地提出某些问题，促使客户做出相反的回答。例如，销售人员可以这样对客户说："您看这件衣服的面料多好啊，我这也有质次价廉的衣服，您要的话，只需 100 元就能卖给您，但是穿着肯定没这个舒服。好的衣服价格是贵了点，但是您别忘了那句老话'一分钱一分货'啊，我相信您自己也不愿意买一件样式旧、质量差的衣服穿一两回就扔掉吧？"这样做可以让客户对自己的心理价格有一个较为客观的定位。

3. 阶段性提问

在探知客户价格上限的过程中，销售员不可在一个较短时间内，密集地向客户提出一系列的问题，否则客户会有一种受审的感觉，从而产生抵触情绪。因此，销售人员在设计问题时要把问题分布在洽谈中的不同时段，让客户有充裕的时间作答，这样的提问会更有效率。

销售精英小贴士

在价格大战中，销售员要想先发制人，需要设计出一些有针对性的问题，然后通过巧妙、有效的提问去探知客户能够承受的心理价位，给自己的讨价还价提供依据。

以小藏大报价法，把价格昂贵感藏起来

销售箴言

以小藏大是一种议价策略，它可以降低客户的购买压力，提高成交的概率。

在销售过程中，客户对价格都比较敏感，无论销售员报价多少，总有

人觉得价格太高。他们的心理活动经常是这样的："我可以以更便宜的价格在其他地方买到这种产品""我还是等价格下跌时再买这种产品吧""我还是想买便宜点的"，尤其是遇到高额的产品价格，他们的防备心理会加重。为了降低销售的阻力，销售员在报价时，最明智的做法就是想办法把金额的总数分解成若干小份，重点强调每一个小部分，从而降低客户对价格的敏感度。

情境再现

齐格·齐格勒是世界杰出的销售大师。他曾推销过厨房成套设备，其中最主要的就是锅。这种锅是不锈钢的，导热均匀，结实程度相当高，是同类产品中的佼佼者。正因为锅的质量过硬，所以价格也远高于同类产品。为了让客户更容易接受比一般产品贵 200 美元的锅，齐格勒采取了以小藏大报价法，把价格昂贵感藏起来，这种报价技巧使得他取得巨大的成功。

每当齐格勒推销时，客户往往对这么高的价格表示诧异，并且难以接受。

齐格勒："先生，您认为它贵了多少呢？"

客户："贵 200 美元吧。"

这时，齐格勒将这个数字及时记录在随身携带的笔记本上，然后接着问："先生，您以为这锅能使用多少年呢？"

客户："貌似永远也坏不了吧。"

齐格勒再次确认一遍："那您确实想用 10 年、15 年、20 年、30 年吗？"

客户："这口锅看上去的确经久耐用。"

齐格勒："那么，我们以最短的时间 10 年为例来做一道数学题，您认为这个锅贵了 200 美元，那么每年贵 20 美元，那每个月是多少钱呢？"齐格勒说着在本子上算起来。

客户："如果那样的话，每月只需多花 1 美元 75 美分。"

齐格勒："是的。请问您家里一天做饭的次数是多少？"

客户："最少也得两次吧。"

齐格勒："好，一天只按两次算，那您家中一个月做饭有 60 次，这样算来，平均每个月贵上 1 美元 75 美分，做一次饭也才贵出 3 美分，您觉得这样的价格划算吗？"

听到齐格勒这样解释，大多数客户都痛快地接受了这个比普通锅贵出 200 美元的价格。

情境分析

在此案例中，如果一开始让客户接受一个比普通锅贵出 200 美元的价格，肯定会有一定的难度。因此，齐格勒懂得用以小藏大的报价方法，把一口锅的总金额分配到每月每餐的消费中，这样就化大为小，减轻了客户的心理压力，降低了客户对价格的敏感度，从而说服客户接受了这一价格。

销售心经

在销售过程中，很多客户都用"没有钱""买不起"等借口来搪塞销售员，他们并不是不想买，而是想通过讨价还价来达到杀价的目的，从而买到物美价廉的产品。

所以销售员要理解客户这一购买心理，如果你不想因为客户的反对而降价的话，那么必须"王婆卖瓜自卖自夸"，向客户说明你的产品在材料、质量、设计水平及售后服务等方面都是相对优秀的，以此证明所报价格的合理性，让客户由衷地认为物有所值。如果客户在听完你的这些说明后，仍然无法接受产品的价格的话，销售员就可以使出撒手锏——以小藏大报价法，来消除他们的异议。

1. 有所针对地使用

这种"以小藏大报价法"主要是针对价格较高的产品，对于普通价码的产品没必要小题大做，试想一个 50 元的手表，如果还啰唆地报出平均时间单位内相应的价格，客户岂不听得有些厌烦？

2. 以小藏大要注意逻辑性

这是一种逻辑性比较强的报价方法，它把原本价位比较高的产品进行巧妙分割，这其中的逻辑必须合理，不能太混乱，否则客户很难摆脱产品高价的印象。以小藏大报价之后呈现在客户眼前的就是一些符合逻辑、条理清晰的细节，给客户一种"和同类产品平均每天要十几元相比，还是划算"的感觉，这样才能有效降低客户对价格的敏感度，使客户更易于接受。

销售精英小贴士

对于高价的产品而言，整体报价会让客户难以接受。因此，销售员最好报最小单位的价格。这种以小藏大的报价技巧很容易获得客户的价格认同感，从而实现产品销售的目的。

首次报价要高一些，为自己留出余地

销售箴言

产品的报价关系到销售员自身的利益，销售员只有把首次报价抬得高一些，才能保障自己进可攻，退可守。

当销售人员竭尽全力把客户的眼光吸引到产品上来之后，就要进入价格谈判的阶段了。一般来说，客户大多都有讨价还价的习惯，这时销售员就要把报价定得高一点。这样，才能在讨价还价中拥有更大的空间和回旋余地，使自己在整个交易中占据主动权，才能保证无论情况怎么变化都有钱可赚。并且，这样也能给客户带来一定程度的满足感，在口齿交锋的过程中觉得自己有利可图。

情境再现

莉莉是做生意的一把好手，两年前开了一个鞋店，如今赚得金银满钵。对此，表妹小芳羡慕不已，她也想学莉莉做点生意。于是，她来到莉莉的店里实地取经。

一天，一个女客户看好了一双标价 400 元的黑色高跟鞋。

客户拿着鞋子向莉莉问道："老板，这个怎么卖？"

莉莉："这上面有标价，400 元。"

客户："老板，你这鞋子可不便宜啊，能不能给我打个折？200 元钱卖给我！"

莉莉："这可不行，我们原本是标价不打折的，您开的价太低了。"

客户："老板，你可别蒙我，这样的鞋子我在别的店里也见过，差不多就是这个价格。"

莉莉："一分钱一分货，别的 200 多元钱的鞋子肯定不能和这个相提并论，而且我相信他们肯定没有完善的售后服务。您既然已经比较过，自然能看得出来其中的区别，这样吧，您再少出 50 元，我亏一点，便宜卖给您！"

客户："老板，我还是觉得太贵了，250 元吧，250 元你卖我就拿着！"

最后，经过一番讨价还价，这双鞋子以 280 元成交。

当这位客户走到收银台买单时，发现自己的钱不够，只剩下 270 元了，于是她对莉莉说："不好意思，老板，这双鞋子我可能买不了了，现金没带够，并且我也没带卡。"

莉莉："哦，那您现在一共有多少钱？"

客户："全部加在一起也就只有 270 元了，还要打车回去。"

莉莉："那……那就 250 元吧，给您留点钱打车，要不您连家都回不去了。"

客户："真的！老板你人太好了。太谢谢了，我很喜欢这双鞋子。"

莉莉："一大早开门，我也是为了讨个吉利。我是看您实在喜欢这双鞋子才卖给您的，以后您可得常来。"

就这样，那个女客户兴高采烈、得意扬扬地走了。

等客户离开以后，莉莉对小芳说："看到了吧，卖东西就得这样跟他们讨价还价。这双鞋子进货不到 100 元，能卖到这个好价钱。"

小芳说:"哦,我懂了,你是故意把价钱开得很高,然后再慢慢来讲价,这样就能给自己留下很大的余地。"

情境分析

销售员把价格报得高一点,既能让自己从中获利,又能让客户获得一种愉悦和满足,正可谓一举两得。案例中的店老板莉莉就深谙此道,于是给鞋子报出 400 元的高价。这既让客户觉得这双鞋子比其他店里的更有价值,给客户一种信赖感,而且也给客户后来的讨价还价预留了足够的空间,纵使客户几次三番地砍价,莉莉也能从中获取高额的利润。

销售心经

基辛格曾经说过:"谈判桌上的结果取决于你的要求夸大了多少。"在销售中,销售员一定要果断地大胆地报价,这样才能为后来的降价预留更大的空间,这是一种讨价还价的智慧,如果运用得当,它将给销售员带来丰厚的利润。

1. 高价更能凸显产品的价值

产品的价值决定了产品的价格,价格越高,其价值就越大。相同的两件产品放在一起,一件要价 150 元,一件要价 1 500 元,恐怕无论谁都会对后者刮目相看。所以产品的高报价,会显得产品质量很好。

2. 高报价可以预留足够的谈判空间

在购买过程中,客户总希望自己买的东西越便宜越好,因此,销售员不可低估客户讨价还价的本领。既然口舌相争在所难免,那么销售员就不妨将产品的报价高于预期的售价,这样一来,这个价格就有了更多的伸缩性，你就有了更大的回旋余地。

3. 高报价可以给客户一种满足感

客户在购买产品时，如果能因为自己的坚持和努力砍掉部分价格，能以自己能够承受的心理价位成交，那么内心一定会滋生喜悦和满足之感，认为自己成功节省了开支，并从中肯定自己的判断力和沟通能力。

销售精英小贴士

在价格谈判的过程中，客户会绞尽脑汁地"逼迫"销售员降价，因此销售员在报价的时候，一定要把产品的价格报得高一点，这样才能为议价留下余地，否则很容易让自己陷入举步维艰、利润受损的销售窘境。

第九章

趁热打铁，三言两语促成交

成交是销售的根本目标。在双方博弈决定胜负的关键时刻，销售员一定要发挥口才的作用，尽快促成交易。首先需要准确抓住客户的购买信号，把握最佳的购买时机说服客户，其次还要懂得使用一些促成策略，再结合巧妙的语言以加快交易的进程，最后，销售人员还要学会使用倾听的力量，找到成交的障碍点，这样才能有针对性地破除成交的壁垒，实现拿单的任务。

抓住客户购买信号，强调购买时机

销售箴言

　　每一个优秀的销售员都是一名善于察言观色的"侦察兵"，他们能够懂得密切关注客户的成交信号，及时抓住最有利的购买时机。

　　从销售人员结识客户，引导对方注意，到产品介绍，中间是一个复杂而又漫长的过程。但不管怎么说，其最终目标就是成交。在成交的关键时候，销售员有一点需要特别注意，那就是及时地捕捉客户的购买信号，抓住最好的购买时机，这样才能有利于交易顺利达成，时机过早或过晚都会导致交易失败。

　　一般情况下，客户的购买兴趣是"逐渐高涨"的，而当客户的心理活动趋向明朗，客户和销售员在价位上达成一致，这时是成交的最佳时机。此时，客户常常会不自觉地通过各种外在特征，给销售人员提供"成交信号"。如果销售人员能够及时并准确抓住这种信号，再运用一定的技巧，便很快能促使客户做出购买的行为。

··

情境再现

小王是一家配件生产公司的销售员，他工作刻苦认真，对产品的相关信息也了如指掌。前不久，公司研发出了一种新型的配件，和过去的配件相比有很多功能和质量上的优势，价格制定也比较合理。小王立刻联系了他的老客户张总。经过一番详细的了解，张总对产品产生了极大的兴趣，于是约小王面谈。

小王来到张总办公室，笑着寒暄了几句，接着便开始谈论产品。

小王："张总，在介绍新产品前，我想向您先了解一下我们老产品的使用情况。"

张总笑着说道："嗯，还不错。就是我们公司工作量有点大，我看旧的配件损耗较大。"

小王说："我就是为这个来的。我们公司现在研发的这种新产品，它能够适应高强度的工作，而且质量也优于过去的配件。"

张总听后眼睛一亮，兴奋地问道："真的吗？你给我具体介绍介绍吧，我对这个还是不太懂。"

小王详细、耐心地向张总做了解答。在这个过程中，张总满含笑意，不断地点头称是。双方在愉悦和谐的谈话氛围中交流了很久，但是小王始终没有向对方提出购买的请求。他想，对方还没有足够了解自己的产品，怕是不愿意立刻签单，应该多接触几次再下单。

几天之后，小王再次与张总取得联系，张总爽快答应了。小王再次"查缺补漏"，让张总了解更多关于产品的优势，张总对此依然饶有兴致。

张总问小王："那新生产的配件售价多少？是不是比旧的贵很多？"

小王说:"这个新的是 3 500 元,虽然比原来贵了 1 000 多元钱,但是相对来讲,它的性价比还是非常高的,买下的话一定划算。"

张总说:"贵是贵了些,不过功能也是很重要的,要保证我们工作的进度,所以用这个也是不错的选择。"

当时小王还是没有向对方索要签单,他认为火候还不到,准备一个礼拜后再上门拜访一次。

然而,一个星期后,张总却以工作量缩减为由,取消购买新机器的打算。就这样,一个很好的销售契机被小王生生错过了。

情境分析

案例中张总曾多次向小王提供"成交信号"(眼前一亮,频频点头,满含笑意,询问价格等),可小王却没有及时抓住,总觉得火候不到,还要等时机。就这样一而再,再而三地错过了最佳时机,时间一久,张总对产品需求的强烈程度随着工作的变动有所下降,对新产品的购买欲望也大不如从前,小王也因此而失去本该有的签单机会。

销售心经

在实际销售过程中,客户的言谈举止会不自觉地传递一些购买的信号,销售人员一定要察言观色,及时捕捉,只要信号一出现,就要迅速提出成交的请求,这是达成交易的关键一步。一般来讲,客户成交的信号大多会从其动作、眼神、提问等方面体现出来。

1. 动作是客户是否积极的明显标志

在销售员和客户交流的过程中,客户潜意识的动作会出卖其内心的活动。如果客户的动作十分积极，抓起产品，反复询问考量，或者拿它与其他同类产品对比，然后认真思考，那么就证明客户对产品是非常感兴趣的。反之，如果客户在观看产品时，只是草草看一眼，然后置之不理，则说明他并没有认可你的产品，或是根本没有兴趣。这个时候，成交的希望就非常渺茫。

2．细心观察客户的姿态

如果客户刻意与你拉开距离或者动作较为随意的话，代表他对销售员和产品比较排斥。反之，如果客户在和你说话时表情专注，频频点头，身体的重心向前倾斜，就说明客户对你和产品的认同度很高，销售员一定要抓住这一有利战机，一鼓作气，一气呵成，将客户收入囊中。

3．善于发现客户眼神里的秘密

眼睛是心灵的窗户，客户的眼神往往能准确反映其对产品的好恶。当客户看某一个产品时，如果他的眼神放射出专注而渴望的光彩，就说明他对产品有极大的兴趣。所以，当销售员看到客户的眼神为之一亮的时候，这一定是成交的信号，销售员应该果断提出成交的请求，这时候销售成功的可能性非常大。

销售精英小贴士

客户动作积极、表情专注、频频点头、眼神散发光彩等都是他释放出来的成交信号，销售员一定要及时抓住这些购买信号，主动提出签单的请求。如果一拖再拖的话，很容易贻误有利战机。

仔细倾听，及时领会客户成交障碍点

销售箴言

客户成交障碍点是销售成功的拦路虎。销售员要想促成交易，就得仔细聆听客户的心声，识别交易的障碍，然后想方设法赶走这只拦路虎。

伏尔泰说过："耳朵是通向心灵的路。"因此，销售员要想捕捉到客户成交的障碍点，最好认真倾听客户的心声，了解客户到底在想什么，他们真正的意图是什么，他们对产品存有哪些异议。只有把这些问题的关键点解决掉，才能彻底为成交扫清障碍。

情境再现

小刘是某保险公司的一名金牌销售员。有一次，他打算约见一家大型公司的总经理。因为事先知道这位客户是一个大忙人，害怕邀约遭拒，因此，小刘特意请一个中间人代为介绍，然后再去拜访。

走进办公室之后，小刘笑脸相迎，热情地做了自我介绍，客户一脸冰霜，不情愿地接过名片，瞥了一眼，就扔在了桌子上，口里喃喃地说："又是一个推销员。"

小刘赔着笑脸说道："是的，张经理。"

"上午我已经打发了一个，下午又来一个。我每天都很忙，还有很多事情要做，没有时间听你们推销。别再烦我了，请回吧！"小刘话还没说完，客户就打断他的话，愤怒地嚷道。

小刘并没有气馁，仍然笑着说："我只打扰您一会儿，请允许我给您做一个详细的产品介绍……"

客户很不耐烦地打断他的话，瞪圆了眼睛说道："我再说一遍，我根本没有时间，请你去别处吧！我实在没有时间陪你！"

小刘："张经理，我看得出来您很忙，就是因为您的忙碌和辛苦，您的公司和成就才这么大。我只要您抽出几分钟，提供一项让您保障经营成果的方法，如果这种方法您还满意，我们再接着往下谈，否则我立马走人，好吗？您有没有考虑过为自己找一份真正可靠的保障呢？"

客户："实在抱歉，对于你们的保险产品，我并没有了解的兴趣。"

小刘："您介不介意告诉我是什么原因让您对保险这么排斥？"

客户："你们这些卖保险的，没有一个可信的。为了自己的利益，介绍保险产品时非常热情，连哄带骗让人们买保险。到理赔时，保险公司就开始拿琐碎的条款说事，不积极配合了。"

此话一出，小刘便立刻明白，客户没时间是假，害怕受骗才是真。于是他真诚地问道："您是有过这样的经历吗？"

客户："没有！我从没买过保险，更不会碰到这么倒霉的事儿，我是听周围亲戚说的。"

小刘："原来如此，这里可能有一些误会。保险公司掏钱理赔时，花的是所有客户存在那里的钱，所以理赔过程会比较严格。当然了，我们公司绝对不会出现理赔难的情况，只要客户出了事情打电话通知，我们会有专门的理赔人员提供服务。我们公司每年理赔的客户那么多，如果真如您所听说的那样，早就闹得沸沸扬扬了。所以您完全不用担心理赔的事情。现在我给您介绍一下我们的产品，只耽误您 10 分钟的时间，好吗？"

客户："好吧！"

听完小刘的详细介绍之后，客户心动了。

....

情境分析

优秀的销售员在工作时，不仅带了嘴，还带了耳朵。他们善于从客户的交谈中，倾听客户内心的顾虑，找到成交的障碍点，从而为销售打突破口。案例中的销售员小刘就有认真倾听客户的好习惯，他从客户口中探明成交真正的障碍点（客户对理赔没有信心），于是对症下药，有理有据地打消客户的顾虑，从而为接下来的成交创造了可能。

销售心经

现在很多销售员都犯了只说不听的错误，不管客户愿不愿意听，一见到客户就介绍产品的优势，罗列产品的卖点，吹嘘公司的实力和口碑，渲染产品给客户带来的益处，完全不顾及客户的所思所想，导致客户真正的诉求无法得到满足，从而给成交带来很大的阻力。

日本推销之神原一平曾说："对销售而言，善听比善辩更重要。"所以，销售员一定要学会微笑着倾听客户讲话。在倾听的过程中，以下几点需要多加注意。

1. 倾听要专心致志

销售在倾听客户讲话时，一定要做到聚精会神，专心致志，不可因为你无意听到或看到的事物而分心。如果交头接耳，左顾右盼，肯定无法融入客户讲话的内容中来，更加无法领会成交障碍点。此外，这种不尊重、不重视客户讲话的行为也会招来他们的反感，从而给成交带来新的困难。

2．不要随意打断客户的话

有些销售员在听客户谈话时，总是不时地打断客户的话。这样做不仅打断了客户连贯的思路，引起他的不快，给其留下不好的印象，而且也会干扰自己无法及时领会客户谈话的内容，这样一来，销售壁垒不容易识别，更加无法攻克。

3．遇到客户言辞较激烈时，要保持冷静，继续倾听

沉着冷静，理智思考是销售员最基本的职业素养。如果遇到言辞激烈的客户，一定要保持冷静，尽力控制自己的情绪，继续耐心、仔细地听他说完。

销售精英小贴士

销售员在倾听客户陈述，寻找成交障碍点的过程中，一定要做到聚精会神，专心致志，沉着冷静，不管任何时候都不可随意打断客户，否则会影响自身的理解能力，从而无法突破销售的壁垒。

用好强势语言，也可为成交助力

销售箴言

强势语言是促成交易的助推器，能够提高销售的效率，加速交易的进程。

在人们传统的印象中，销售员一般都是温言细语，谦卑有礼，甚至有点谄媚讨好"上帝"的意味。不过，当遇到特殊情况，销售员的"和风细雨"未必能起到很好的说服效果。这时，不妨试试给客户一点"威胁"，比如"假如您不买我们的产品，将是您的损失""假如您现在不买，那么明天就没有了"，这样强势的语言反而会勾起客户购买产品的欲望，从而更容易达到预期的效果。

情境再现

陈罗是一家保健器材公司的销售人员，他的下一任推销目标是刘总。打定主意后，他主动上门拜访了刘总。

刘总："小伙子，目前我还没有打算购买保健器材，如果需要的话，我会主动打电话联系你，把你的名片留下怎么样？"

陈罗会意刘总在下逐客令，赶紧递出自己的名片，然后接着说："听说您的母亲就要过 70 岁大寿了，刚才我还在小区里见过她，老人家看起来身体硬朗，一定能长命百岁。"

刘总："唉，老人家嘛，虽然平时保养得很好，可毕竟身体各个机能都在退化衰老，即便硬朗，也大不如从前了。"

陈罗："老年人确实需要保养，但平时适量的运动绝对不能少，它不仅能愉悦老人的心情，而且还会增加他们对疾病的抵抗力。"

刘总："以前我妈倒是经常锻炼身体，可如今已经没有精气神去活动了，我现在最担心的就是母亲的身体了。"

陈罗："我们公司的这套健身器材专门为老年人设计的，它的运动幅度不是很大，用起来也安全方便，正好可以帮助老太太锻炼身体呢。再说老太太正要过 70 岁大寿，如果在这个时候送她这个礼物，正好可以借此机会表达您对她的孝意。"

陈罗顺势把保健器材各个优势都详细阐述了一遍，当看到刘总已经流露出购买意愿后，陈罗说："每个人都希望得到别人的关爱和呵护。如果您不能在母亲 70 岁大寿时送她一件有意义的礼物，她一定会感到很失望。我们的保健器材既可以帮助老人家强身健体，又可以帮您表达一份孝心，一举两得，何乐而不为？目前，我们的这种保健器材销售情况十分火爆，卖的只剩下三两台了，如果现在不买，等您想买的时候恐怕这一批已经售完了，公司总部再发货，至少也需要等半个月时间。错过了您母亲的 70 岁大寿，我觉得非常遗憾。"

刘总："好吧，那这样好了，我现在订下这个器材，等到我母亲 70 岁大寿那天，你再送到我家里来。我想给母亲一个惊喜！"

情境分析

案例中销售员陈罗从情感的角度出发，巧妙地运用了强势的语言，暗示客户如果不买这个产品将是一个很大的遗憾，同时告诉客户这种保健器材非常抢手，如果不抓紧时机，下次发货至少也得半个月，让客户产生了危机感。陈罗的"威胁"恰到好处，既运用同理心顾及客户的家庭问题，又表现出对客户母亲真诚的关怀，这样客户就更容易下定决心购买了。

销售心经

一般我们所说的强势语言，并不是强迫客户服从的话语，而是销售人员经过对客户进行认真分析之后，对客户做出的一种善意的暗示和提醒。

当销售员有意给客户制造一种产品稀缺性的感觉时，很容易激发客户的占有欲，增强其购买的冲动，这比销售员自吹自擂直接告诉客户产品有多么好更具有吸引力。因此，在适当的时候，说几句强势的话，能够更有力地促使客户购买你的产品。

不过，销售员有一点需要特别注意，强势语言虽然能起到立竿见影的效果，但却不能用于所有的销售，也不能用于销售的每一个环节，如果随便乱用很容易造成适得其反的效果。销售人员一定要掌握一些使用这种说服方法的技巧。

1. 掌握客户的关注点，找到"威胁"的突破口

在对客户进行善意"威胁"前，销售员首先要弄清客户的关注点是什么。客户最关注的事情往往是他们的软肋，同样也是销售的突破口。销售员只有知己知彼，才能使强势的语言更具针对性和攻击力，否则不仅不会戳中客户的要害，加速销售的进程，反而会画蛇添足，引得客户反感。

2. 强势的语言不能偏离客观事实

销售员在采取善意"威胁"的方法时，所"威胁"的内容必须是真实可信的，不能用谎言欺骗客户，必须在尊重和关心客户的基础上有技巧地进行说服。如果销售员为达目的不择手段，那么纸终究包不住火，到头来只能是搬起石头砸自己的脚。

3. 善意强势语言与正面说服相结合

这种强势策略最好与正面说服的方法相结合，做到双管齐下，步步逼近，不能太柔弱，也不能表现得格外野蛮，否则客户容易产生逆反心理，彻底打消购买的念头。

销售精英小贴士

　　销售员在使用强势语言之前，一定要揣摩，找准客户的关注点，同时所说的话必须实事求是，尊重事实。此外，善意的强势策略与正面说服相结合，这样才更容易激发客户购买的欲望，使其朝着成交的方向急速前进。

替客户说"同意"，别指望客户自己克服犹豫

销售箴言

　　客户犹豫是促成交易的一大障碍。销售员要想扫清这个障碍，不妨在关键时刻直接替客户说"同意"。

　　有些客户天性犹豫，正面，负面，大问题，小矛盾，在心中反复掂量不决。这样举棋不定、谋而不断的购买行为严重影响了销售的效率，增加了成交的难度。为了早日达成签单的请求，销售员不妨选准时机，干脆利落地替客户做决定。

情境再现

　　保险销售员小飞向一个客户销售医疗险，但对方一直拿不定主意，今天说哥哥不同意，明天说父母建议购买另外一种保险，后天又说有朋友给他推荐其他保险公司的产品。小飞好不容易苦口婆心地为其树立起投保的

决心，而这会儿他又因为体检核保烦琐的问题犹豫不决。

客户："我觉得自己近来身体不舒服，不适合买保险，等过段时间咱们再说这个问题吧。"

小飞："先生，您的体检核保能不能通过，我们俩谁说了也不算，得拿到体检报告才能知道。我可以帮您安排体检的时间，您看怎样？"

客户："可以是可以，但是哪天有时间我也确定不了。"

小飞："先生，我觉得您不会天天都没空吧？而且身体健康才是第一位的，再忙也得留点体检的时间啊。健康是进行一切社会活动的前提和基础，没有健康的体魄，您就是挣再多的钱也没办法享受，您说是吧？"

客户："是的。"

小飞："那您还有其他的顾虑吗？要是没有的话，那我们就先办手续吧，越快签字，您和家人可以越早获得这份保障。"

客户："好的。"

情境分析

在上述案例中客户举棋不定，提出了很多不投保的理由。为了和客户早点达成交易，保险销售员以"身体健康最为重要"为由，直接迫使客户答应了体检的请求，从而加快了其办理手续的步伐。

销售心经

有时候，直接替客户做决定也是一个很好的促成交易的方法。不过使用这种方法有两个很重要的前提：第一，客户有明显的购买意图，但是出于某种原因迟迟不肯主动签单；第二，客户内心的疑惑经过解释都一一化解，但是仍然不主动购买。这种方法的使用给了客户一个向前的推力，为双方节省很多谈判时间，加快成交的速度，提高销售的效率。

销售员在替客户说"同意"时需要注意哪些事项呢？

1．在客户发出明显的购买信号时，销售员要用简明扼要的语言请求客户签单。在这一过程中，销售员要做到不卑不亢，沉稳自然，语速适中，动作上既不拘束又不张扬，否则很容易引起客户的逆反心理。

2．当客户流露出成交信号，却不愿主动说出自己的购买意愿时，销售员应找准机会直接替客户答应，然后提出签字成交的请求。

销售员直接替客户做决定时常用沟通技巧示范如下。

（1）"衣服现在就可以为您打包，麻烦您到柜台前面结一下账……"

（2）"这个计划很适合您的保障需求，为使您能够早日获得这份保障，请在这里签个字吧……"

一个经验丰富的销售员面对客户的犹豫不决，通常会把握好时机，适时地替客户做决定。但是有些销售新人却害怕遭到客户的拒绝，不敢在客户没有同意的情况下贸然提出签单的请求。这是一种不自信的表现，不仅对自己的产品没有信心，对自己也没有信心。要知道产品交易本来就是一种互利共赢的行为，客户在付出金钱的同时也获得了产品的使用价值。所以销售员替客户做出"同意"的决定也没什么不好意思。

销售精英小贴士

在销售的最后阶段，很多客户犹犹豫豫，举棋不定，这时候销售员不妨直接替客户做决定，这样很容易快速促使双方完成交易。不过销售员在使用该方法之前要走出一些认识的误区，了解其使用前提条件、目的和技巧，这样才会有恰如其分的表现。

巧用"二选一"策略，将客户的最终意向推向成交

销售箴言

"二选一"销售策略可以缩小客户选择的范围，加快其购买的步伐，有利于双方快速成交。

"二选一"策略，顾名思义，销售人员为客户提供两种解决问题的方案，非 A 即 B，无论客户选择哪一种，都是我们想要达成的一种结果，这样的销售策略可以让客户快速做出决定。比如，"先生，这款西装共有两个色系，一个蓝的，一个黑的，不知道您喜欢哪一种？""小姐，房款缴纳您是打算按揭贷款还是全额付款？"这样的话看似简单，其实当中包含了很大的销售学问，即"二选一"法则。这样的方法可以降低客户选择的压力，也可以提高销售的效率。

情境再现

销售员："先生，您想看什么车，轿车还是 SUV？"

客户："我个人更喜欢 SUV。"

销售员："哦，请您跟我来这边。"

客户："好。"

销售员："这里有白色和红色两种颜色，不知道您更偏向哪一种颜色？"

客户："我比较喜欢红色，炫目的红色更可以凸显个性，张扬自我。"

销售员："我们这款红色的 SUV 有高配和低配两种车，您想要哪一种？"

客户："高配和低配能差多少钱？"

销售员："20 000 元左右。"

客户："那就选高配吧！"

销售员："这款高配的……（介绍车的各种优点）您可以坐进去体验一下。"

客户："好。"（客户坐进了车里面）

销售员："感觉很好，是吧？"

客户："挺好的，座椅包裹性好，坐着舒服，视野也很开阔。能不能试驾？"

销售员："当然可以，请到这里办一下试驾手续。"

情境分析

案例中的销售员以"二选一"的限制问句向客户提问，既给了客户充分自由选择的权利，又限制了其选择的项目。客户可以在产品的款型、颜色、配置等问题上有了较高的自主权，同时又不必为诸多的选择而眼花缭乱，心生困扰，这样可以为双方的成交节省很多的时间和精力，加速交易的进程。

销售心经

"二选一"销售策略是一个快速促成的好方法。不过它的使用有一个非常重要的前提，那就是必须在销售的最后阶段，客户已经有一定的购买欲望。如果不满足这个条件，随便乱用，很容易让客户不明就里，心生厌恶。

在使用"二选一"促成法时，销售员应禁忌使用一些强制意味的话，生硬地要求客户从中做出选择，当心引起客户的逆反心理。委婉的语气更加容易让客户接受，比如，"您喜欢……还是……"或"您看按季和按月，哪种缴费方式更好一些"等，这样才更有助交易的成功。

此外，销售员给客户提出的这个"二选一"的选项要合乎常理，要以之前和客户交流的东西为根据，然后再推断出客户可能需要的东西，并且这个选项必须在客户的接受范围之内，这样他们才会主动参与。

？销售精英小贴士

为了实现成交的愿望，销售员可以使用"二选一"促成法，不过在使用的时候，大家一定要注意把握好合适的时机，给客户提供合理的选项，用委婉的语气表述，否则会起到适得其反的效果。

审时度势，用折扣敲定买卖

销售箴言

"人无利而不往。"折扣是敲定买卖，促成交易的有效良方。

走在大街小巷，我们随时随地都能看到很多优惠大放血的活动，比如"一样的物品，一半的价钱！时间有限，数量有限。买得到便宜买不到吃亏！""凭此卡，本商场内可享受健康美味、超市购物、时尚服装、娱乐活动的惊人折扣"而人们出于占便宜的心理，竞相追逐，趋之若鹜。商家正是利用了人们求利的心理，创造了良好的成交氛围，最后促成了大批量的交易。因此，选择合适的时机，用折扣促成交易是很多优秀销售员惯用的营销技能。

情境再现

某服装店的销售人员马丽正在将一条裤子推销给一位中年妇女，已经到了最后的攻坚阶段，可是这位女客户还是没有拿定主意。

马丽："大姐，这条裤子细腻爽滑、柔软亲肤，质量您也能摸得出来。"

客户："裤子看着是挺不错的，但是，它的价格太高了。"

马丽："大姐，像这么好的面料价格肯定是不低的，而且它穿上也绝对好看舒服。您认为是舒适程度比较重要一些，还是这点钱比较重要呢？"

客户："嗯……你说的这些我都知道，但是，价格上再给我优惠一些吧。"

马丽："大姐，这样吧，看在咱们是老乡的份上，我给您打一个九五折，这已经是我最大的让步了。今天我就少赔一点卖给您，记得以后常来啊！"

客户："哦，谢谢，以后穿得好，我还来找你买裤子。"

说完，这位中年女人掏出钱买下了这条裤子。

情境分析

案例当中，客户一直强调价格过高的问题，但销售员马丽并没有立即做出让步的决定，而是巧妙引导客户做了一番价格与价值之间的考量，待客户认同产品的性价比之后，然后才做出打折的承诺。这种以折扣敲定买卖的做法既满足了客户想占便宜的心理，又加快了销售的步伐，是一个不错的促成技巧。不过这样的技巧需要选择合适的时机，否则达不到理想的效果。

销售心经

在销售的最后阶段，如果客户提出某种异议，在不影响自身利益的情况下，销售人员可以适当做出一些让步，给客户一个折扣价。这样，表面上好像是客户占了便宜，实际上是为自己的销售工作争取了成功的机会。当然，这其中也要讲究一定的方式、方法和技巧。

1. 审时度势，把握好时机

折扣敲定有一个很重要的前提，那就是客户产生一定的购买欲望。这时候客户内心对优惠刺激的反应会很敏感，因此这个时候做出让步才最有效果。

2. 左右权衡，适度让步

折扣敲定法，利用的是客户求利的心理，从而加快成交的速度。当然，让步的程度要恰当，让利过大会让客户觉得产品的利润太高或者是水分太大，从而产生不信任的感觉；让步太小，客户不为这点蝇头小利所动。所以，究竟该给客户多少优惠，销售员一定要把握好分寸。

同时，销售人员还要注意，客户对自己不需要的东西不感兴趣，向客户做出的让步一定要是客户所需要的，这样才能真真切切地打动客户。若客户本身对产品的价格并不敏感，他们只是在乎产品的质量以及档次，那么销售员利用折扣诱惑客户买单完全没有任何意义。

销售精英小贴士

　　销售员用折扣敲定买卖时，一定要选择合适的时机，把握好优惠的力度，否则无法有效刺激客户为这点利益埋单。

借力打力，巧用陪同者的嘴促成交易

销售箴言

　　"他山之石，可以攻玉。"优秀的销售员要懂得借力打力，利用第三方的力量促成交易。

　　有的时候，参与销售活动中不单单是销售员与客户，还有客户的"陪审团"。尤其是面对大宗型交易，客户往往一个人拿不定主意，需要有陪同人为其出谋划策，提供参考意见。所以销售员千万不可忽视陪同者的分量，对陪同者不理不睬，或者试图阻止陪同者发表自己的意见。一般来说，聪明的销售员都懂得利用这个"第三者"的嘴说服客户，促成交易。

情境再现

　　小美的男朋友阿力准备买一部新手机，这天，她陪阿力来到了手机专卖城。小美以前在学校学的是通信专业，所以，在挑选手机时，小美提出了很多建议。

销售人员："小姐，你不仅对手机的相关知识非常了解，而且对朋友也非常用心，这位是您的男朋友吧？他有您这样一位知识丰富且体贴用心的女友一定很幸福吧。"

小美：（羞红了脸）"嗯，还好啦！"

销售人员："呵呵，我想向您请教一下，根据您的知识，您觉得我这部手机怎么样？"

小美："我觉得这部还是不错的……"

销售人员："小伙子，您看，连对手机如此在行的女朋友都觉得它很不错了，那您有什么想法？"

阿力："呵呵，那好吧，那我们就买它了！"

情境分析

案例中，虽然真正的客户是阿力，但是销售人员并没有忽视了从旁陪同的小美。为了让小美成为自己的盟友，销售员首先对小美进行了赞美，然后向小美虚心"请教"，这样一来，小美在无意当中成为销售人员的帮手，大大降低了交易的难度。最终，销售人员借用小美的嘴成功地促使阿力获得对手机的认可，从而促成了交易。

销售心经

如果销售人员遇到的客户带有陪同者时，最好用恰当的语言将其发展为自己的"同盟军"。只要销售人员重视客户陪同者的意见，再加以巧妙的引导，一定能让这个"同盟军"说出自己的要求和心声，最终借助他们的嘴促使客户完成购买的行为。

1．给角色定好位

当一群人出现在销售人员的面前时，谁是真正的客户，谁是客户的陪同者，销售员一定要心里有数。如果准客户的陪同者不只是一个人，销售员还要从他们的言行举止当中判别最具影响力的一个来。销售人员在将产品推荐给客户时应该对客户的陪同者中第一影响人的意见引起重视，这样很容易让说服工作起到事半功倍的效果。

2．尊重陪同者

一般来说，人们只有对自己熟悉的人才会建立信任关系。因此陪同者的一句话所起的作用远胜于客户的千言万语。所以销售人员要想利用陪同者的嘴说服客户，就要顾及陪同者的感受。如果销售人员与陪同者能够在销售前期建立起良好的关系，那么就能在很大程度上降低产品成交的难度。

3．询问陪同者的意见

在有陪同者的销售中，客户的思想往往很容易受陪同者的左右。"坐昧先机之兆，必贻后至之诛"。为了避免陪同者的反对意见对客户造成负面的干扰，销售人员不妨在陪同者还没有提出反对意见之前就主动征求陪同者的意见，先下手为强，这样就能在很大程度上让客户陪同者所带来的消极影响降到最低。

4．掌握一些拉拢陪同者的小窍门

（1）给陪同者一定的时间。

为了充分表示对陪同的重视与尊重，销售员可以把说话的一小部分时间留给他。

（2）给陪同者一个关注的目光。

有的时候，由于受时间和精力的限制，销售员不能充分顾及陪同人员。为了给他们一个重视感，销售员可以向其投递出一个关注的眼神，这样的小小的互动也会搭建友好的关系。

（3）利用陪同者向客户施加压力。

在销售过程中，陪同者对产品的评价极大地影响着客户的购买决定。如果销售人员发现陪同者对产品产生一定的认同感，一定要借助陪同者的嘴给客户施加一定的压力，比如，"先生，连您的朋友都说这款外套和您的身材与气质非常匹配，您还不赶紧考虑考虑？"这样一来，销售人员不但成功地将客户的陪同者拉拢到了自己的这边，而且也向客户施加了一定的压力。

销售精英小贴士

客户身边的陪同者是一把双刃剑，用不好会影响交易的顺利进行，而用得好了便会加快成交的速度。因此，销售人员要将客户陪同者在销售中的作用正视并且重视起来，给他们一份尊重，给他们一份重视，给他们一个关注的眼神，然后借助他们的嘴给客户一个购买的压力。

第十章

谁说签单后无须好口才？收回钱才是硬道理

追收款项是销售员的职责之一。销售员要想收回欠款，处理好双方的关系，使得合作持续进行并非一件易事。因为在实际的沟通过程中，客户的素质良莠不齐，其搪塞的借口也是花样百出，这就给催款工作带来很大的难度。所以销售员要摆正自己的心态，运用好各种语言技巧和催款措施，从而不让欠款影响自己的销售工作。

口才制胜，这样说催款才能变得容易

销售箴言

三寸不烂之舌可强于百万之师。销售员要想降低收款的难度，需要充分发挥口才的魅力。

与客户顺利签单，销售人员的工作还没有结束，只有收到款项才算真的成交。而在实际工作中，虽然大部分的客户都遵守承诺，但是有时也难免会碰上一些只借不还的老赖。当然也有一部分客户是由于发生一些变故，所以暂时没有还款的能力。因此，销售员要想维护好自身企业的利益，必须与各式各样的客户斗智斗勇，唇枪舌剑，用口才的力量追回欠款。

情境再现

销售员："张总，我是××公司的销售员小张，贵公司上次购买我们那批机器的钱是不是应该结算一下了？"

客户："你们的设备有问题，还想要钱啊。"

销售员："为什么这么说呢，张总？使用时出现什么故障了吗？"

客户："反正员工都反映不好用，经常出现各种各样的毛病，自从买了你们的设备，用电的成本倒是节省下来了，可是整体的工作效率并没有提高。"

销售员："这可能是一个误会。新机器员工难免会用得不顺手，也许是他们操作方法不当，所以导致产量减少了。这样吧，张总，我们派几个人过去给您的员工进行一下培训吧，培训完之后设备应该就会好用多了！"

客户："好啊，如果经过你们的培训，我的员工反映这设备确实好用，产量上去了，我保证马上结款。"

销售员："张总果然英明，我们都有长期合作的意愿，所以我们不可能卖给您粗制滥造的设备，对于产品的质量我绝对有信心。我现在马上派人给您的员工培训一下。"

客户："好的。"

情境分析

案例中，客户以"设备不好用"为由拒绝付款，幸好销售员急中生智，找到最合理的协调解决的办法，才使得收款难度系数降低。试想如果销售员拒不认错，直接否认产品有问题，然后强行收款的话，对方一定会恼羞成怒，不会这么快答应打款的请求。

销售心经

做任何事情都需要一个循序渐进的过程，催收款项也不例外。销售员要想降低催款的难度，需要注意以下五个催收账款的事项。

1. 提前提醒客户

一般情况下，大多数欠债人都比较自觉，销售员只需提醒其结款的最后期限，并保持这种沟通联系即可，但不要太频繁，否则会使得客户反感，甚至产生逆反心理。

2. 做好售后服务工作

承诺的事情也一定要做到，避免客户以"产品不合格""售后不到位"为借口赖账。即使已经签订了合同，销售员也应该及时回访，了解产品的使用情况，及时为客户提供良好服务，以减少将来收款的阻力。

3. 找出客户拖欠款项的真正原因

客户拖欠款项的理由有很多种，销售员只有追本溯源，找到拖款的真正原因才能对症下药，想出有效的解决办法。

4. 坚持"先礼后兵"的原则

虽然说客户是债务人，自己是债权人，销售员还应该给其最起码的尊重。只有这样才能维持好和谐愉快的交谈氛围，加深双方的感情，从而使得催款变得简单容易。

5. 向客户示弱，取得客户的同情

催款很讲究策略。有的时候采取强硬的态度未必能取得良好的收款效果，相反向客户示弱，寻求客户的理解，博取客户的同情，也许会使自己得到意想不到的收获。

❓销售精英小贴士

> 销售员要想让催款变得容易，首先要坚持"先礼后兵"的原则，事先提醒客户还款的最后期限；为了避免客户赖账，还需要做好售后工作；找到客户拖欠款项的原因可以制定出针对性的收款策略；此外，向客户示弱，也是有效解决问题的一个办法。

运用挤压法，逐步收回货款

销售箴言

挤压法可以有效降低客户的还款压力，是催款的一种重要方式。

王健林做客《鲁豫大咖一日行》节目时说过这样一段话："很多年轻人，有自己的目标，比如，想做首富是对的，（这是）奋斗的方向，但是最好先定一个小目标，再如，我先挣它一个亿。你看看能用几年挣到一个亿。你是规划 5 年还是 3 年。到了以后，下一个目标，我再奔 10 亿，100 亿。"从这段话中，可以体现出一个成功哲学：要想实现财富梦想，首先要脚踏实地，从一个小目标开始。

其实首富的成功哲学对销售员收款贷款也有很重要的指导意义。面对巨额的贷款，客户可能由于还款能力的限制，一下子无法结清，这时候，销售员不妨采用挤牙膏式的催款方式，今天先实现 20% 的收款目标，明天再实现 30% 的收款目标……慢慢地将贷款逐步收回。

情境再现

司徒是某家机械自动化厂的销售人员。他经常和很多私企的模具厂的老板有业务上的往来，而货款回收一直是困扰他的一个大问题。

孙老板是 2007 年司徒发展的客户。由于目前市场上模具行业饱和，价格大幅下滑，因此孙老板经营的厂子很不景气。对于欠司徒公司的 10 万元款项，他还起来真的有点有心无力。

按照以往的经验，司徒判断这笔拖欠时间不长的货款不可能一次收回，这是行业现状。他给自己定的目标是 3 万元，但他明白这个还款金额自己一定不能主动提及。

经过一阵寒暄后，司徒说道："孙老板，不瞒您说，我此行的目的就是为了和您结算欠款的，年底公司资金紧张，希望您多多支持，付清全部货款。"司徒深知"开价要高于期望价"的策略。

当孙老板清楚了司徒来要款的目的后，提出先还 5 万元。

"啊？"司徒假装惊讶。

孙老板："我们厂目前的情况你也知道，并不是我想赖账，真的是没有那个偿还的能力啊！"

"您看，我们已经合作了很多年了，我也相信您的为人，今天也不为难您了。这样吧，过段时间等您手头宽裕了，我再来找您。"

孙老板看他松了口，也心怀感激，积极配合司徒将剩下的 5 万元分三次还完。

情境分析

俗话说："一口吃不成一个胖子。"对于数额庞大的债款，销售员有的时候也不一定能一下子悉数追回。案例中的销售员知道客户的经营情况，也了解他的偿还能力有限，于是制定了挤牙膏似的催款策略，既维护了客情关系，又追回来债款，真可谓一举两得。

销售心经

销售员使用挤压法催款时，一定不要主动先开口提还款的金额，也许客户给出的还款金额会超出自己的心理预期呢！就像案例中一样，客户孙先生给出的 5 万元金额就远远超出司徒定的 3 万元的收款目标。此外，为了后期的收款工作能够顺利地逐步完成，销售员说话最好客客气气，给予客户充分的尊重，维系好彼此之间的关系，倘若提前把双方的关系闹僵，就会给以后的收款工作带来一定的难度。

销售精英小贴士

挤压式催款首先维护好客情关系，其次记得告诫自己不要先报催款金额，这样才能使得销售员在收取款项时获得主动权，降低收款的难度。

大胆开口，催款不是委婉的事情

销售箴言

不敢大胆开口无疑给失败制造了机会。要想催款成功，首先摆正自己的心态，莫让胆怯使你的应收账款堆积如山。

从前，有个胆小的猎人在森林里碰到一个樵夫。为了向樵夫证明自己的胆量，他故意问樵夫："你有没有看见老虎？"樵夫痛快地说道："当然看见了，跟着我，我带你去找老虎。"猎人听后吓得直打战，他脸色惨白、哆哆嗦嗦地说道："我只是想知道它去了哪里，并不是要真的找到它。"

从这个小寓言中，我们可以看出只有经得起危险考验的人，才是真英雄。催款要债虽不是什么危险工作，却需要英雄一样的勇气，只有大胆尝试了，才有催款成功的可能。

情境再现

小刘是一个善良热情的销售员。平时在生活中，他总是乐于助人，扮演着"舍"的角色，很少有求于人。有一天，他接到公司安排的向××公司老总催款的任务，虽然他极不情愿，不好意思开口，但是迫于无奈只得硬着头皮去。

小刘："白总，好久不见！"

客户："嗯，你有什么事情吗？"

小刘："也没什么事，就是想和您做个回访，了解一下我们的产品使用效果如何。"

客户："你们的产品挺好的，暂时还没有出现什么毛病。"

小刘："哦，那就好……贵公司还欠我们一笔钱，您看什么时候有空，我们结算一下！"

客户："哎呀，你不提醒我都忘了这事儿了！我现在就打电话给财务室。"

小刘："嗯，好。"

情境分析

胆怯懦弱是销售员在催款路上最大的障碍。即使之前有过催款失败的经历，抑或是遭受债务人不友好的对待，销售员仍然要抱着一份自信和勇气继续前行，否则账款搁置久了，就如同熟苹果一样会烂掉。有一句话叫："不努力试试，你怎么知道自己不行！"就像案例中的小刘一样，也许只需勇敢地向债务人开一下口，对方就能马上想起被遗忘的债务，并且很快结清账款。

销售心经

在催款之前，销售人员一定要调整自己的心态，设法从过去催款失败的阴霾中走出来，并且不断暗示自己：欠债还钱，天经地义。这样慢慢地就有了开口要债的勇气，进而为结清账款提供可能。

催款的时候，销售人员务必要保持积极心态，用一些积极、肯定的话来激励自己，从而勇敢地展开催款行动。

比如，可以用下面这些话来自我鼓励。

（1）我一定能满载而归！

（2）我已经做好充分的准备，兵来将挡，水来土掩！有什么好害怕的！

（3）我的沟通能力不差，一定能让他把债款如数奉还！

（4）我要今日事今日毕，不收回账款绝不罢手！

（5）只要全力以赴，尽心竭力，没有收不回的账！

（6）我可以马上就去做！

（7）我就是收款高手！

销售精英小贴士

　　销售员要想提升自己的勇气，敢于开口要账，不妨将"自我肯定"的话语持续、重复地说，通过进行这些积极的心理暗示，让自己不再胆怯，士气大振，斗志昂扬。

电话催账时大派用场的语言技巧

销售箴言

　　电话催账是一门语言艺术，只有采用一定的说话技巧才能使收款工作事半功倍，并让欠款人心服口服。

　　催收账款是一项长期艰苦的工作，很多人都感慨："欠债的是大爷，要债的是孙子。"如何从这帮"大爷"手中要回欠款，对于销售人员而言，是一个不小的考验。在催账的过程中除了有坚忍不拔的毅力，还需要掌握一些电话催账的语言技巧，否则不仅会让你的催账之路走得异常艰辛，而且很有可能影响到客情关系，进而波及生意的往来。

情境再现

　　销售员给客户打电话："贾总，您看这个月马上就结束了，麻烦您安排一下，将上次那批产品的尾款打给我们吧。总共是××万元。"

客户："这么多啊，真不好意思，我们这边最近经济压力比较大，所以暂时还不了你们。"

销售员："贾总，贵公司的实力谁不知道啊，您这样说，我觉得太过谦虚了。"

客户："不瞒你说，最近有个项目出了点问题，资金有点紧张，你们宽限几天吧，过几天给你们结。"

销售员："真是这样啊，那您也别着急。这样吧，我去与我们总经理汇报一下情况，完了再给您打电话过来吧，好吗？"

客户："谢谢，再见。"

（挂了电话后迅速去做调查，了解该客户的信誉、财力状况以及最近是否重大事件发生，然后再打电话给客户）

销售员："贾总，您好，经理已经了解了您这边的情况，他也很着急，我们也急等着钱用呢！贾总，我们合同上结账日期写得清清楚楚，现在您突然告诉我资金紧张，我们也措手不及，您还是给我们想想办法吧。"

客户："小张，要是我能想办法筹到钱，我也不愿意天天听你唠叨啊。这样吧，过几天等资金跟上了马上给你们结。"

销售员："好吧，贾总，您给我一个准确的日子，在这段困难时期我们得想个对策过日子啊。"

客户："挺不好意思的，今天是礼拜五，下星期一我一定给你把款结清，就等一个礼拜好吧？"

销售员："那好吧！贾总，我现在给您发过来一份还款确认函，您写上还款日期再签个字，然后给我传真过来，好吗？"

客户："不用这么麻烦吧？"

销售员："这是必要的手续，得到我们财务那里备案，要不这个月您的钱回不来，我的奖金就得跟着泡汤，望您理解。"

客户："好的，你发过来吧！"

....

情境分析

在上述催款案例中，销售员首先说明了通话的目的，确认收款的金额，给对方一个心理准备。其次，他没有和下属或不相干之人纠缠不休，而是直接找到可以拍板还款的关键人。此外，整个催款过程不卑不亢，柔中带刚诉衷肠。既给对方一定的还款压力，同时也充分表达了自己的理解和尊重，话里话外表达了对客户难处的理解，也让客户理解自己的难处，这样为以后的持续合作奠定了良好的基础。最后，在对方口头承诺还款日期之后，还不忘落实到书面上来，整个过程可谓一气呵成，严丝合缝，很值得借鉴。

销售心经

俗话说："做事没技巧，吃力不讨好。"好的语言技巧对于电话催账至关重要。

1．确认金额

打电话催账之前，首先要核对最新的档案数据，看看对方积欠的账款明细和准确金额。只有对账目心里有数，催收时才不会出现言语上的失误。

2．选对时间

结婚、搬新家要看"吉时"，催收也要讲究"吉日"。合适的时间可以让催债起到事半功倍的效果。一般来说，客户刚开始上班的15分钟之内是他心情最好的时候，因此，此时电话催账最为适宜，而中午午餐、午休时间是最不宜打扰的时段，销售员最好不要往枪口上撞。

3．选对日子

每周的星期五是最好的电话催收"吉日"，因为这时候大家对即将到来的休息日翘首以盼，内心非常愉悦，所以此时电话催账更有利于双方交流。其次是周四、周二。最不宜电话催账的日子是周一、周三。如果销售员知道债务人某一天有一笔钱进账，进账日的前三天，就是电话催收的"吉日"。

4．要找对人

"射人先射马，擒贼先擒王。"催款一定要找能够拍板还钱的人，否则只能缘木求鱼，不得其法。如果对方是大型企业，销售员就把电话直接打到指定付款的联系人或财务人员那里；如果对方是小型企业，最好和负责人或老板直接联系。为了提高催账的效率，销售员有时也可以通过客户的秘书或对方爱人给客户间接施压。如果销售员找到讨债目标，应该首先确认其是否有电话交流的时间，当得到对方的认可后，再继续交流，否则，就择期再联系。

5．要说对话

为了给债务人营造一个良好的交流氛围，销售员一定要说好"开场白"。礼貌招呼之后，就应开门见山，直接说明来意，特别强调应收款项的具体数额，让对方有心理准备。这种"先礼后兵"的做法既维护了双方的关系，又给债务人造成一定的压力。

6．电话交流全心全意

在和债务人商谈时，为了让债务人看到你对催款事宜的重视程度，最好取消电话"插播"服务，同时，暂停另一部电话的使用。

7．沟通良好

沟通能力是有效说服债务人结清欠款的神奇法宝，有效沟通的小技巧参考如下。

（1）尽量使自己说话的方式、速度和音量与对方一致，这样很容易获得其认同感。

（2）碰到乱发脾气的客户，要沉着冷静，首先尽量安抚对方的情绪。要知道专业理智的态度是成功的关键。

8. 学会闭嘴

有时候滔滔不绝，口若悬河未必能起到良好的沟通效果，反而，适当的沉默更容易给对方施加一定的压力。你不说话，对方会觉得你高深莫测，肯定不敢低估你，清偿的意愿就会提升不少。因此聪明的销售员都懂得在适当的时候闭口不言，从而给对方造成一定的威慑力。

9. 维护关系

为了收回旧欠款，弄得彼此恩断义绝，可谓商场大忌，绝非明智之举。俗话说"和气生财"，又说"人情留一线，日后好相见"。如果对方是你以后重点合作的对象，那么电话催账时，务必要适时对你的债务人情真意切地表达尊重、关心，不要单纯为了收回欠款，而伤了彼此多年的商场情谊，要知道失去一个优质的客源，对自己也是一个巨大的损失。如果你同意债务人提出的偿还方案，最好能够落实到书面上；电话过后，用传真的方式做进一步确认。同时继续追踪的脚步还不能停止，债务结清才算真正的结束。

销售精英小贴士

"有了金钥匙，不愁锁不开"，有了方法技巧，就不愁账收不回来。销售员在电话催账的时候，一定要熟练掌握上述的一些语言技巧以及注意事项。

几句话让客户不好意思拖欠货款

销售箴言

销售员在积极追讨欠款时，需要充分发挥口才的作用。把客户所有拖欠贷款的理由都堵死，这样他们就只能被迫就范。

对于销售员来讲，把产品卖出去并不意味着万事大吉，收取款项还是一个大大的考验呢！一般来说，大多数的客户信用状况良好，不用催促就主动把款还清，但是也有一部分人总是找各种各样的借口搪塞销售员。对此，销售员需要发挥舌战三军的口才魅力，想办法搞定客户各式各样的借口，这样才能成功实现收款的愿望。

情境再现

销售员小张完成一笔销售后，才从别的渠道得知和自己合作的客户是一个不讲信用的人，果然后来的收款难度很大。一天他又打电话给该公司的总经理。

客户："你这个时候打电话真的很不凑巧啊，出纳今天请假了！"

小张：（事先得知经理惯用撒谎伎俩）"怎么可能，我刚才还给你们财

务部打过电话，接电话的就是你们的出纳啊！"（其实他根本就没打电话给财务部）

客户：（很尴尬）"啊？真的吗？昨天明明请假了，今天怎么又来了？"

小张："李总，您真让人佩服，领导有方啊，手下带出来的都是好兵啊。电话里明明听着咳嗽声不止，还带病坚持上班，真是很敬业啊！"

这位总经理听完后舒了口气，也没试图再找别的借口，小张终于成功收回了货款。

情境分析

"出纳不在"是客户拒绝结款的一个常用理由，发生这种情况时，销售员必须首先判断确认这个理由真实与否。如果确有其事，销售员需要进一步核实出纳上班的时间以及收款的时间，再次确认结款时间。如果只是一个借口，销售员不妨直接揭穿他，但揭穿的同时别忘记了给他一个台阶下，客户也可能因为领情而使欠款结算变得简单起来。案例中的销售员小张就很懂得把握分寸，制造一个有惊无险的谈话氛围，加速了客户还款的步调。

销售心经

在催款过程中，欠款客户总会用各种借口来搪塞销售员，很多人对此一筹莫展。针对这样的困局，经验丰富的销售员们总结了欠款客户常用的借口和应对方法，很值得大家借鉴一下。

1. 借口：这几天我们公司的出纳不在

应对技巧："那贵公司的出纳什么时候可以回来？等他回来了，我再过去，应该能结款吧。"

2．借口：我从未见过这项产品的账单

应对技巧："我把发票已经传真过去了，你仔细核对一下。"

3．借口：我们只能根据发票的原件付款，传真件不行

应对技巧："我马上给您送去发票的原件，您看到原件，一定要及时付款。"

4．借口：支票已经在邮寄的途中了

应对技巧："为了避免不必要的麻烦，我现在需要核实一下邮寄支配的确切时间、邮寄地址以及邮寄方式。"在支票发出一个星期以后，如仍未收到，则要求对方取消这张支票，重新签发另一张支票。

5．借口：我们最近资金周转有点困难

应对技巧："方便透露一下贵公司资金周转困难的原因吗？我想了解一下这样的状况什么时候能得到改善？我需要一个具体的还款期限。"

6．借口：等我们一个月后收到一笔大额回款就可以把你的款项全部结清

应对技巧：（这是一个十足的借口）"我们最近资金紧张，等不了那么久，请您马上想办法付清欠款。"

7．借口：我们对发票有争议

应对技巧："请告诉我们具体是什么问题，是金额开错了，还是公司名字写错了？如果真是我们出具的发票有问题，我们会重新开一张发票，并派专人送过去，但欠款也要当面结清。"

8．借口：我们对这项产品有争议

应对技巧："请问您对我们的产品哪些地方不满意，有没有向我们公司的售后服务人员联系。"如果客户记不清楚就进一步询问细节问题，再据理力争，收回欠款。

9．借口：我们在等候批准

应对技巧："我想搞清楚贵公司谁在审批这份账单，为什么这么久了还没有批下来？什么时候才能批准？如果过了期限贵公司需要承担相应的后果。"

10．借口：我们公司在 20 天之内付清

应对技巧："本来我们是可以等到 20 天之后再来收账的，无奈最近正好赶上一个很烧钱的项目，所以急需要收回这笔款项。像你们这样的大公司，一定不缺这几个钱，麻烦贵公司配合一下。"

❓ 销售精英小贴士

在催款过程中，销售员要学会识别欠款客户常用的借口，并找到各种借口的有效应对方法。这样才能斩断客户搪塞的理由，把欠款轻松地收入自己的口袋。

巧妙掌握分寸，既能成功催款又不得罪客户

🕴 销售箴言

销售员要想和客户保持长久的互利共赢的合作关系，在催款的时候就要把握好说话的分寸，既要保证自己催款成功，又得维护好客情关系。

客户是一项非常重要的资源。因此，销售员在催款的时候一定要把握

好说话的分寸，绝对不能咄咄逼人，以免破坏了双方的良好关系。一般来说，销售员越是"和蔼可亲"，态度越人性化，收回的可能性就越大。即便是客户有故意赖账的嫌疑，销售员也要注意自己的措辞以及语气，不要说出有损客户自尊或者激怒对方的话，尽量争取在友好交谈的前提下收款欠款。

情境再现

销售员："徐总，我是××公司的小赵，贵公司上次从我们这里购买了一批建筑材料，一共是 2.3 万元，已经过期 10 多天了，麻烦您今天安排一下，把钱给我们打过来吧！"

客户："这事我不清楚，你找别人吧！"

销售员："徐总，说笑了，您是这家公司的总经理，大小事务都在您的管辖范围内，这种事情我肯定得找您啊！"

客户："我真管不了，你和谁签的合同去找谁去吧！"

销售员："徐总，您做生意也不是一天两天了，怎么说这样的话呢，我们两家合作可是白纸黑字签了合同的，这上面还盖着贵公司的公章呢。财务我已经找过了，现在这笔货款就差您一个人签字了。徐总，这么大的一笔款项，除了您谁也没权利审批，您就别为难我了，帮我签个字吧！"

客户："好吧……"

情境分析

案例中，很明显，客户是故意赖账。对此，销售员说话有理有据，有张有弛，一方面给客户戴了顶"大高帽"，给了其充分的尊重，一方面以"合同"为由，运用法律武器保护己方利益，最后以"您就别为难我了"适度向客户示弱，最终赢得了客户的同情，取得货款。这样软硬兼施、拿捏得当的催款技巧既加速了客户签字的步伐，同时又给对方找了个台阶，避免了矛盾激化，得罪对方的情况发生。

销售心经

在收款过程中，要想催款成功，就得保持一种冷静的但很坚决的态度，倘若语气柔弱，很容易助长客户拒绝或拖延付款的嚣张气焰，但是过于强硬，又怕得罪客户。为了两者兼顾，销售员需要拿捏好说话的分寸，坚持"外柔内刚"的原则，对于客户的暂时付款困难，要积极地提供帮助意见，要从双方长期合作的角度考虑问题，因为谁都有困难的时候，把客户逼急了对谁都没有好处。

此外，打苦情牌也是催款的一大技巧。销售员到客户那里可以跟他多多诉苦（个人方面的），再说明一下自己所在的公司现在因为他的拖款已经影响到正常运作了。出于这样的原因，客户多多少少会对销售员给予同情和理解的。这样既达到了催促的效果，又没有得罪客户，正可谓两全其美。

除了以苦肉计博得客户的同情之外，销售员还可以以朋友的身份路过拜访，多跟客户交流，并了解客户服务的进度。这样一来，跟客户的关系如朋友般融洽，且因客户的进度都在你掌握中，他们也很清楚你频繁催款的节奏，再加上平常的交情，一般会重守承诺，如期结款。如果真的碰到明显赖账的客户，销售员应该软硬兼施，既要尊重他，避免矛盾激化，又要拿起法律武器，让客户明白这笔账是赖不掉的。

销售精英小贴士

　　优秀的销售员在催账时，懂得把握说话的分寸，一面给客户应有的尊重，一面恰当使用各种催款技巧，给其施加还款的压力，从而既保全了人情，又没有耽误催款的任务。

第十一章

加强售后沟通，让客户变成"回头客"

美国汽车销售大师乔·吉拉德说过："我的成功在于做了一件其他营销人员都没有做的事，要知道真正的推销是在产品卖出去之后，而不是在售出之前。"的确，诚如销售大师所说，成功的售后服务工作永远不会结束。为了留住老客户，销售员需要用真诚的沟通、负责任的态度、耐心的解释将销售进行到底。

多沟通，才能弄清客户流失的原因

销售箴言

　　追回流失客户是一项非常重要的售后工作，而沟通则是弄清客户流失原因的有效途径。

　　开发客户是一件很不容易的事情，对于销售员而言，客户的流失损失巨大，尤其是老客户的流失。失去一个老客户的损失，可能要开发几十个新客户才能弥补。因此，追回老客户是售后工作中刻不容缓的一件事情，尽力把他们找回来会给销售工作带来许多有利的影响。一般来说，要想追回老客户，首先要弄清楚其流失的原因，这样才能根据原因制定相应的应对策略。

情境再现

　　银行柜员："您好，请问有什么可以帮您吗？"

　　客户："我想将我卡里的钱转一下账。"

　　银行柜员："好的，请把您的卡拿过来。"

　　客户："好的。"

　　银行柜员："您好，据查询显示，您这卡里的余额是 32 万元，对吗？"

客户："对，没错。"

银行柜员："那您方便说一下转账的原因吗？"

客户："这家银行存款返5个点，你们银行好像才返3个点。"

银行柜员："这是违规操作，国家法律不允许这么做，正规的银行不可能返这么多。"

客户："那我不管，哪家钱多，我就选哪家。"

银行柜员："这样吧，我给您一个建议，我们银行最新推出一款保本理财产品，年利率近6%，您可以考虑一下。"

客户："真的吗？我都没听说过。"

银行柜员："这款理财产品刚推出来没多久。您现在就可以办理。"

客户："那好，现在就帮我办理吧！"

情境分析

案例中的这名银行柜员非常善于与客户沟通，他发现这个存款为32万元的人是一位优质的客户，于是赶紧利用自己所在银行的优势将理财产品介绍给客户。这样一来，客户基于趋利避害的心理，也就放弃了转账的念头，银行柜员也由此而追回了一个即将流失的客户。

销售心经

要想挽回流失的客户，销售员就得正本溯源，找出导致客户流失的真正原因，这样才能有的放矢，对于不同类型的客户应采用不同的策略。

1. 服务因素

客户因服务因素流失是指客户由于销售员提供的服务没有达到他们的

期望值，所以失望地离开。其中，售后服务不到位，销售人员对客户的抱怨与投诉处理不得当，不及时是导致客户流失的重要原因。因此，在维护客户关系的过程中，销售员要时刻体现出良好的态度和专业的素质。

2. 价格因素

产品价格是影响客户关系的重要因素，产品价格提高也会导致客户流失。面对这种情况，销售员可以以产品优势挽回客户的"芳心"，也可以在不损害自身利益的情况下，适当地给予客户一定的优惠，以此来挽回客户。例如，"李总，您都是我们的老客户了，价格方面可以再谈，只要您满意，其他都好说。"

3. 质量因素

客户因产品质量因素流失是指客户转向提供高质量产品的竞争者。一般来讲，这种情况追回的难度比较大。这时候，销售员能做的也只能是向公司反馈，提高自己产品的质量水平，不断提高自身的核心竞争力，这才是解决客户流失最根本的手段。

销售精英小贴士

客户的流失会直接影响销售员的销售业绩。一名优秀的销售员懂得从导致客户流失的源头出发，分别从服务、价格、质量方面找原因，从而做出针对性的追回策略。

客户的真实反馈，源于你的真诚咨询

销售箴言

　　客户的反馈是销售员前进的动力。销售员要想在以后的工作中添能加油，首先必须从客户的反馈中获得经验教训。

　　在企业的管理方法中，有这样一个概念叫"四小时复命制"，它的意思是对任何命令，不管完成与否，受令人都要在规定的时间内向下令人复命。这个管理理念的核心思想就是反馈，通过反馈可以让下令人及时获取有效的信息，进而做出有利于事态发展的举措。同样，客户的反馈也可以使销售员获得很多有价值的信息，从而学到许多有利于业务发展的东西。

情境再现

　　马松从事一份汽车销售的工作，他的工作内容包括对公司老客户的回访。为了了解客户对汽车的使用情况，他拨通了老客户李先生的电话。

　　马松："您好，请问是李先生吗？"

　　李先生："是我，你是哪位？"

　　马松："李先生，您好，我是××汽车公司的销售员小马，您在一年前从我们这里购买的××牌汽车，您还有印象吗？"

李先生："噢，这个当然记得，请问你找我的目的是什么？"

马松："李先生，是这样的，我今天打电话给您是想向您询问一下您从我们公司购买的那辆车使用情况如何。"

李先生："噢，整体感觉还不错，就是有时候开着开着突然会有'哒哒哒'的响声，其他方面都还行。"

马松："嗯，好的，谢谢您的宝贵意见，您的反馈对我们工作的改善有很大的帮助，李先生，您的问题我们会尽快派人去解决。打扰了，再见！"

李先生："好的，再见！"

情境分析

销售是一项对主观能动性要求较高的职业。如果销售员不积极询问，客户是不会主动反馈有价值的信息。在上述的案例中，汽车销售人员马松主动地给客户打电话，询问汽车的使用情况，向客户征询反馈意见，这对他今后的销售业绩以及公司的发展都有极大的帮助。

销售心经

产品销售的结束意味着售后服务的开始。精明的销售人员不会在售出商品后对客户置之不理。要想培养客户的忠诚度，拓宽自己的客户群，销售员必须善于"开言纳谏"，通过售后服务来检查客户的满意程度。一般来讲，主动向客户征询是了解客户使用情况最便捷的沟通方法。

比如，有的公司开启了"333售后服务"电话回访模式。

1. 第一个3——3天后

即在客户购买产品3天后，销售人员就应该打电话向客户了解产品的使用情况，其目的是及时了解客户在使用过程中出现的问题，以表达销售人员对客户的关怀之意。

销售话术示范：

"刘女士您好！我是××保健品公司销售人员。您前天在我们这儿买的××现在开始用了吗？"

"好，每天坚持用，时间久了您的身体状况会得到明显的改善。"

"在使用的过程中如果有什么问题，您可以随时打电话给我。"

"这个产品含的营养成分比较高，不过您在服用时要谨遵专业医师的指导。"

2．第二个3——3周后

客户购买产品3周后，销售人员要打电话对客户的使用情况进行询问，并进一步了解客户的使用感受，树立客户对品牌的信心。

销售话术示范：

"您在使用了该产品之后，原来的状况有没有得到改善？"

"我们许多客户在使用产品3周后，反馈都很好，不知道您使用之后感觉怎么样？"

3．第三个3——3个月后

客户购买产品3个月后，销售人员要进一步了解客户对产品的意见及进一步的需求，以此跟进服务，提高市场竞争力。

销售话术示范：

"您购买的健身器材在这段时间之内出现过什么问题吗？如果有什么不合适的地方，我们会联系修理人员及时为您提供售后维修。"

"您对我们的产品和服务有什么意见吗？"

此外，销售人员还要注意，为了避免让客户认为自己不是在真正关心自己而是在关心自己的钱，在电话回访中不要总是引导客户再消费，而是要把更多的问题集中在客户对产品满意程度的询问上。

销售精英小贴士

销售员要想从客户的反馈中了解到有价值的信息，可以从产品的使用情况、客户的使用感受以及其对产品的意见和需求等方面着手进行询问。

即使必须反驳客户异议，也要把握好分寸

销售箴言

在售后服务中，面对客户的异议，销售员一定要把握好分寸，谨遵"顾客至上"的销售铁则。

在市场竞争条件下，产品销售的竞争其实也是销售人员素质的竞争。销售员要想在售后工作中，给客户留下一个好印象，首先需要把握说话的分寸，尤其在反驳客户的异议时，销售员更应该权衡利弊，谨慎措辞。丢失一时的面子事小，损害自身形象、失去客户信赖事大。

情境再现

申超在一家 4S 汽车店做销售人员，他能言善辩，专业知识良好，但他在工作上却有一个缺点——脾气比较急，总爱与客户争吵，由此经常惹

得客户火冒三丈。

有一次，申超去拜访一位曾在他们 4S 店购买过汽车的客户。

申超："您好，我是 ×× 汽车店的申超，您两个月之前在我们这里买的车子，这短时间使用下来感觉怎样？我想了解一下您对您的爱车是否满意呢？在使用操作上有什么疑问吗？"

客户："我从你们那里买的车才开了两个月就大修了一次，你们的汽车质量真是太让人失望了！"

申超："不可能！以我对 ×× 牌汽车的了解，它不可能在这么短的时间内就发生故障！"

客户："怎么不可能，我骗你干吗？对于你们这些无良的商家，以后就是白送我这个牌子的车，我也不会要的。当初我真应该听朋友的介绍，买另外一家的车子，你们的话真的一句都不能信。"

客户这么一说，申超顿时气不打一处来，并且立即对客户进行"狂轰滥炸"，还将客户看中的另外一家的车子批得"体无完肤"。双方争得不可开交，最后闹得不欢而散。此后，客户逢人便说申超的服务态度差，并投诉到了销售经理那里，申超不但被扣了奖金，而且还失去了工作的机会。

情境分析

案例中，面对客户的异议，申超及时地予以反驳，不过他的这个反驳没有把握好分寸，而是为图一时之快，和客户极力争辩。自尊心受到伤害的客户对申超进行了投诉，最后虽然申超在辩论中"扬眉吐气"了一回，但他终究失去了工作的机会，所以从这个角度来看，他是一个大大的输家。

销售心经

作为销售人员，面对客户的异议，不管他态度如何，对错与否，都千万不能和其发生争执，而是应该运用一定的语言技巧，理智地化解客户的异议，抚平其内心的波澜。客户对产品或服务有异议，本来就心存芥蒂，如果这时候再用过激的语言和他们争论谁对谁错，只会火上浇油，让事情变得更加复杂，最终让自己得不偿失。

所以在售后服务中，销售人员应谨记：反驳有风险，出言需谨慎。即使是在双方交流的过程中，客户产生误解或是观点有失偏颇，销售人员也不要用过于直接，毫无遮拦的言语刺激对方，更不要针尖对麦芒，一味地纠正客户错误的观点。因为即使是分辨出是非曲直，销售人员赢得了口舌之争的胜利，也对矛盾的解决没有实质性的帮助，相反却会让客户下不了台，从而失去再次成交的机会。

对于销售人员来说，反驳客户没有分寸，用直接尖锐的话语和客户争短论长是一种不理智的行为。明智的销售人员在面对客户的异议和客户进行交流时，通常会采取以下策略。

1. 拒绝与客户辩论是非曲直

当客户抱怨时，销售人员要充分尊重客户表达自己的权利，同时倾听并记录客户的不满。如果听到自己不认同的观点和说法，也切不可"生拉硬拽"，强迫客户与自己站在同一个阵营，要知道，一个人的观念一旦形成很难被改变。当然了，更不要劈头盖脸指责客户的不是。因为没有哪个客户愿意花钱听别人来教训自己。所以，在处理客户异议的过程中，适当给予客户肯定、鼓励和感谢是解决问题最有效的途径，而否定、反驳和埋怨客户则是最愚蠢的做法。

2．控制好自己的情绪

在成功的路上，最大的敌人其实并不是缺少机会，或是资历浅薄，而是缺乏对自己情绪的控制。如果一个销售人员连自己的情绪都控制不住，那么，他绝对不是一个称职的销售人员。有的销售人员一听到客户的异议，往往就会不由自主地受客户的情绪感染，脸色也由晴转阴，然后与客户正面交锋，一决高下，有的人甚至大发雷霆。这样不仅无法解决矛盾，反而会让问题恶化，把自己带入了死胡同。

因此，销售人员在面对客户异议时，首先要控制好自己的情绪。即便是客户言语过激、无理取闹，销售人员也不能说出任何让客户感到难堪的话或者做出任何失礼的行为，一个有风度和涵养的销售员懂得管理好自己的情绪，用最专业的态度，最理智的做法化解工作当中的困局。

3．坚持"客户永远是对的"

"客户就是上帝，上帝永远都是对的。"这不是人的本性所致，而是生存竞争使然。销售员要想在竞争激烈的大环境中站稳脚跟，拼的不仅仅是产品的质量和完善到位的服务，而且还需要秉持"客户至上"的服务理念，以平和的心态处理客户抱怨，这样才能赢得客户的认可，获得更多的销售机会。

4．给出一个合理的解释

由于专业的限制，客户可能对产品只是一知半解。所以，在产品出现问题后，他们可能并没有意识到问题的出现是由于自己的理解偏差或操作不当造成的，以至于在第一时间把问题归罪于产品或者销售人员本身。

当客户出现这样的异议时，销售人员应该对自己的不周之处进行深刻的检讨。此外，销售人员还要给客户一个合理的解释，以消除自己与客户之间的分歧。比如"王先生，您消消气，是这样的，您查看一下您家的信箱，发票都是公司财务部统一出具的，一般在收到保费15个工作日内就会按照您留的地址寄发给您的。所以您不要着急，是我忘记提醒您了，对于我个人的疏忽给您带来的不愉快，深感抱歉，望您谅解。"

❓销售精英小贴士

对销售人员来说，无论是辩解还是更激烈的争吵，都不是一种明智的选择。遇到客户的异议，即便有反驳的必要，也要把好语言关，切忌用偏执激烈的语言冲撞客户。此外，对待客户的异议，秉持"客户至上"的服务理念，管理好自己的情绪，以专业的姿态给客户一个合理的解释，才是最明智的做法。

兑现承诺要及时，切忌让你说的话成为空话

销售箴言

"言必信，行必果"是销售员最基本的职业素养，更是推销工作中的行为准则。

许多销售员为了能使客户尽快地签单，常常通过承诺来打消客户的顾虑，让客户得到暂时的安全感。如许诺保证商品优质，承担质量风险，保证赔偿客户的损失，答应在购买数量、价格、服务等方面提供优惠等，甚至有的销售员几乎是有求必应。身为销售员，需要扪心自问，自己真的有能力兑现客户的承诺吗？如果没有开一张空头支票又有什么意义呢？俗话说，躲得了初一，躲不了十五。即便是现在侥幸利用空话骗取客户一时的

信任，可是这个美丽的承诺终究是要破灭的，试想一下客户等待无果，心生愤懑、抱怨之后会有什么样的后果。取消订单？向其生活的周遭不断地传播你的失信行为？跑到公司投诉？相信无论哪种结果，销售员都不想承担。

所以，销售员在做出承诺之前一定要权衡利弊，要考虑自己的诺言是否能真正实现。如果销售员一旦许下诺言，就要立即去做，让客户满意，否则你所失去的可能不只是一个客户，甚至连同他周围的所有潜在客户资源都有可能流失掉。

情境再现

小陈是一名可乐销售员。有一次，他为了能尽快完成本月的销售任务，得到更多的业绩提成，决定对客户做出占仓压货的承诺，于是，他给经销客户李总打电话商谈具体事宜，内容如下。

小陈："李总您好，我是小陈，最近生意不错吧？"

李总："哦，小陈，你好，还说得过去吧，目前市场需求量比较大。"

小陈："那就好。我这次想跟您商量一件事，现在正值盛夏，烈日炎炎，可乐一定会非常畅销，这个月我们公司定的销售目标量是 50 万元，您看 20 号前能完成吗？"

李总："完成 50 万元的销售量应该没有问题，但是我们目前缺少仓库，没有囤货的地方。如果你们能出钱帮我解决掉这个麻烦，我就在 20 号以前把 50 万元的货拉回来，这样你的销售目标就算完成了。"

小陈："那好吧，既然您这样确定，这事我想办法解决，我向公司申请占仓费，不过短时间内还不能给您把找仓库的钱补上，您需要把产品先拉回去，等申请批下来了，我再把钱给您送过去。"

李总："这样也行，我现在就派人去找仓库，尽早把货拉回来。"

小陈："好，就这样！谢谢！"

最后，李总按约定把产品拉回去了。而且正是可乐的销售旺季，50万元的销售量也如愿以偿地完成了，但是因为公司方面并没有"给李总提供占仓费"这样的承诺，所以始终没有给小陈批占仓费。李总问过两次，但是由于费用巨大，小陈也无力回天。无奈之下，他只能向李总说了实情。李总听后火冒三丈，不仅终止了与小陈公司的合作，而且还一纸诉状让小陈吃上了官司。

· ·

情境分析

为了能够拿到更多的业绩提成，案例中的小陈在公司没有审批客户占仓费的情况下，就对客户"抛"出"诱饵"，贸然做出支付的承诺，最终却无法兑现。当真相大白时，客户终止合作并将其告上法庭。其实这样的后果，小陈是咎由自取，试想如果他当时在做承诺之前，谨言慎行，量力而为，就不会尝到失信带来的苦果了。

销售心经

销售员要想在销售领域走得踏实安稳，就必须言而有信，及时兑现承诺，绝不能肆意欺骗客户，轻易许下承诺。销售员只有打好自己的信任品牌，对客户和自己的职业生涯负责，才能赢得客户的信赖感和安全感，从而为自己的事业增加成功的砝码。

1．对公司的相关制度了如指掌

"无知者无畏"。销售人员如果对自己公司的相关制度不了解，就不知道哪些方面必须坚持，哪些方面能够做出相应的让步。待到与客户真正沟通交流的时候，就会如旱鸭子过河——不知深浅，从而在不知不觉中做出了超过自己能力范围的承诺。因此，销售员只有了解了公司的相关制度后，才能在与客户的沟通中做到胸有成竹，做出自己能够兑现的承诺，使客户、公司和自己三方达到互利共赢。

2．说话要留有余地

"兵强则灭，木强则折。"即使在公司、个人等方面都允许的情况下，销售员在对客户做承诺时仍然不能大放豪言，把话讲到极点，给自己留有一定的余地绝对有益无害。因为这个世界上没有绝对的事情，在交易过程中或许还有其他意想不到的情况发生，导致自己无法按照原来的计划进行！因此，说话留有余地是未雨绸缪，是给自己留条后路。当然，这样也是为了更好地兑现承诺，提高客户满意度，建立长久的合作关系。

3．一诺千金，及时兑现承诺

销售员一旦对客户做出了某些承诺，就一定要对自己的承诺负责，也是对客户的权益负责。无论这个诺言多么难以实现，销售员都要全力以赴，打好信任这张牌，只有这样，你才能赢得良好的口碑和更多的客源。

销售精英小贴士

销售员在给客户做出承诺之前，一定要首先了解清楚公司的相关制度，其次话说得不能太满，给自己留下一定的余地。此外，一旦做出承诺，就得想尽办法兑现，给客户绝对的安全感。

关键时刻勇于认错，让客户愿意"回头"

销售箴言

　　勇于认错是销售员最基本的职业操守，更是培养客户忠诚度的重要秘籍。

　　有一则故事讲道：一天，孔子带领着几个弟子外出讲学。师生们来到海州，天空忽然电闪雷鸣，狂风暴雨。这时，他们恰巧碰到一位老渔翁，这位好心的老渔翁把他们领进了自己平常歇脚的一个山洞。待了一会儿，孔子觉得洞里有点闷热，便走到洞口，观看雨中的海景，看着眼前的风雨交织图，他不禁诗兴大发，于是随口吟道：风吹海水千层浪，雨打沙滩万点坑。

　　一旁的老渔翁听了不以为然，他觉得孔子诗中的"千层""万点"的数字并不准确，于是出言反驳。孔子觉得老渔翁的话有几分道理，转过头来征求老翁的意见。老翁根据自己多年的生活经验，将诗句改成了"风吹海水层层浪，雨打沙滩点点坑。"

　　这时，同行的子路不乐意了，怒斥老翁不该随便乱改圣人的诗作。

　　孔子赶紧喝道："子路！休得无礼！"

　　老渔翁拍着子路的肩膀说："圣人有圣人的见识，但也不见得样样都比别人高明。比如，这鱼怎么个打法，你们会吗？"一句话，把子路问了个哑口无言。

老渔翁瞧着子路的窘态,也不答话,飞身奔下山去,跳上渔船,撒开渔网,打起鱼来。

孔子望着眼前发生的这一切,猛然间发觉自己犯了个大错误,于是赶紧召集门生,训导他们说:"为师之前说'生而知之',这句话错了,从今后大家一定要记住:知之为知之,不知为不知,是知也!"

"知错能改,善莫大焉。"每一个人都应该秉持孔子勇于认错,积极改正的美好品德。尤其是销售员,从事的是一个非常复杂的工种,犯点错在所难免,不过最关键的是能够有敢于承担,勇于认错的精神,这样销售的路才能越走越宽。

情境再现

陆明在一个网站上买了一款 ×× 牌的手机。由于快递人员要求打开包裹之前先签收,所以陆明查看包装并没有破损后,就在快递送货单上签了字,然后快递人员就离开了。但是,在将包装打开之后,他却发现那个手机发不出声音,音量键根本起不到作用。

于是,按照订单上的号码,陆明拨通了手机商家的售后热线。

客服:"这里是 ×× 网上商城,请问您需要什么帮助吗?"

陆明:"是这样的,3天前我在你们这里买了一个手机,收到后却发现手机没有声音。"

客服:"不好意思,负责这项业务的客服人员去换工作服了,要不您过一会儿再打过来吧?"

陆明:"噢,那我需要等多久?"

客服:"也就10分钟吧!"

陆明:"那好吧。"

10分钟后,陆明又把电话打了过去,负责售后服务的客服人员接起了电话。陆明将手机的故障一五一十地说清楚之后要求退货。对方表示他们的工作人员将在两日内和陆明再次联络,并留下了陆明的手机号码。

两天很快就过去了,但是商家始终没有回音。到了第3天,陆明再次打过电话去,这次又换了一位客服人员。陆明把事情重新叙述了一遍,当然也提及了对方始终没有联系自己的事情。这位客服人员对此首先向陆明道了歉,但是关于退货的事情,对方却让陆明先拿着发票在15之内到该品牌的维修店检测产品的质量是否存在问题,若确有其事,商家才会考虑退货事宜。

听了对方的答复,陆明很生气。后来,陆明又和对方联系了几次,对方百般推诿之后,才答应了陆明的要求,并办理了退货手续。但是,这个过程也让陆明费尽心神、伤透脑筋,从此,他决定对这个商家绕道而行。

....

情境分析

案例当中的客服人员面对客户陆明的退货请求,首先态度就不端正,不是推脱,就是不想给客户退货。这样的售后服务态度,很难取得客户的信赖,更加无法留住老客户,久而久之,商家的信誉一定会被这种敷衍塞责、自私怯懦的行为所葬送。

销售心经

销售是一个比较复杂的工作,有时候,即便是工作能力再强的人也会有犯错的时候。此时,面对客户的不满,勇于认错是弥补服务缺失、培养客户忠诚，防止客户流失的最后一道防线。当销售员不敢承担责任，无法满足客户的赔偿请求时，处于愤怒状态下的客户很容易将这一情况或不满情绪告知身边的人，一传十，十传百，后果可想而知。相反，如果销售人员能够以坦率的姿态承认自己的错误，并且快速、圆满地解决存在的问题，那客户不仅会做出正面宣传，还有可能会成为你的忠实客户。

为了树立勇于承担的良好形象，让客户愿意"回头"，销售人员要做到以下几点。

1．问题到此为止，避免推卸责任

当客户指出问题时，不论是服务不到位，还是产品质量不过关，销售人员都不能推卸责任，而是应该主动承担起责任，用自己实实在在的行动将错误所造成的影响降到最低。

2．言行一致，绝不无故拖延

负责不能只是停留在口头上，只有付诸于行动才有意义。面对自己的过失，销售人员要及时弥补，不能拖拖拉拉，在最短的时间想办法着手解决问题，这样才有可能再次换来客户的信任。

具体来说，销售人员可以参考以下几点。

（1）在电话沟通时，不能让客户等待的时间超过一分钟。

（2）在解决问题时，不能以"明日复明日"，或者"踢皮球"的言论搪塞客户。

（3）不能及时解决的问题，一定给客户提供一个解决期限。

（4）在下一次沟通时，销售员一定要变成那个电话联系的主动者。

（5）到了约定时间，即使给不出客户满意的答案，也应该耐心给他们讲明事情的原委。

> **销售精英小贴士**
>
> 对于自己的过失，销售人员一定要勇于承担，尽量保证在最短的时间内着手解决客户的问题，这样才能够换取更高的客户满意度，获得更高的品牌忠诚度，进而为以后的成交创造更多的可能。

杜绝"一锤子"买卖，成交后懂得感谢客户

销售箴言

销售不是"一锤子"买卖。销售员在售后有必要表达对客户的谢意，培养他们的好感度，继而为下次成交创造可能。

中国有一句老话叫："礼多人不怪。"销售员如果能在交易完成后说声"谢谢"，不仅能凸显出自身的礼貌和涵养，同时也能赢得客户的好感。当然，销售员除了树立文明礼貌、谦卑有礼的职业形象之外，还要懂得让自己走出"一锤子买卖"的认知误区。产品销售出去，并不意味着万事大吉。如果销售员在售后不考虑客户对产品的使用情况，不从他们的利益出发，甚至将他们的反馈视作制造麻烦，那么必然会使自己的推销之路越走越窄，最后无路可走。

情境再现

销售传奇乔·吉拉德连续 12 年荣登世界吉尼斯纪录大全世界销售第

一的宝座。他之所以有这样骄人的成绩，这与他感恩戴恩的美好品质密不可分。在乔·吉拉德汽车销售的生涯中，只要有人从他这儿买走一辆汽车，他从不忘记真诚地说："谢谢您！我想让您知道我是多么感激您的合作与支持，我保证竭尽所能为您送上最完善的服务，以此证明您从我这儿买车是一个正确的选择。"

在某些时候，乔·吉拉德还会接着说："我还想让您知道一件事，我绝不会让您失望。我真心感谢您从我这儿买车。相信我，您若有需求，我必尽心竭力，施以援手，无论我当时在做什么。另外，我还想再说一句，我敢打赌您以后买车只会想到我，是这样吗？"客户听到这些话，自然心满意足，进而应诺。乔·吉拉德无意中又为自己赢得了一个长期客户。

情境分析

在交易完成后诚挚地说声"谢谢"，是在向客户传递感激，更是为自己树立良好的职业形象。虽然只是简单的两个字，客户心里却听得乐开了花，因为他们在帮助别人的同时，自身的价值也得以体现。案例中的乔·吉拉德就充分利用客户"助人为乐"的心理，成功地为自己赢得更多的客户，从而成就了他熠熠生辉的销售事业。

所以，要想成为一名顶级的销售员，首先要摒弃"一锤子买卖"这样的陈腐观念，在每一次交易结束时，毫不吝啬地、礼貌地说声"谢谢"或做出表示感谢的行动，这样你的销售事业才能茁壮成长，并蒂开花。

销售心经

美国有位企业家在接受《财富》杂志记者采访时说："我们的销售员在

成交后除了要给顾客寄一封感谢信之外，还必须在第二天上午打电话给顾客再次表示谢意。我有时也会亲自给顾客打电话，我说我是公司的总裁，我非常感谢他们的支持与合作。而且，我还会问他们对我们的服务有什么意见，是否有一些问题需要和我讨论。然后，我会告诉他们我的手机号码，希望他们随时与我联系。你可能不相信我的电话对他们产生了多大的影响，毕竟，你什么时候接到过一位总裁亲自打来的电话，而电话的内容又是询问你是否对他们的销售感到满意呢？"

一个个成功的销售明星都在用他们的亲身经历告诉大家，感恩之心可以挽留住客户的"芳心"，抓住客户的钱袋，最终助力于你的事业。所以，高明的商家和聪明的销售员都知道，一锤子买卖不能有效提升业绩，产品中 80% 的利润是 20% 的老客户贡献的。而在成交后说声"谢谢"或做出一些感激的行动，客户都会认为他做出的选择是正确的，而且他还会对你的重视和诚恳表示感激。在这样情感铺垫的基础上，他怎么会把再次的消费机会留给你的竞争对手呢？

❓销售精英小贴士

销售员要想培养长久的客户，需要放弃"一锤子买卖"的想法，巧用"谢谢"博得客户的认可和好感，这样才能不断拓宽自己的客户群，增加更多成交的机会。